JN161570

安岡正篤　運命を思いどおりに変える言葉

はじめに——時代を超えて心に響く「安岡学」の魅力とは

人生の師父といわれる安岡正篤《やすおかまさひろ》の肉声を聞いたり、著作を通して私淑するようになったりした人々は、政財界をはじめとして数多く、その裾野は大きく広がっています。一九八三(昭和五十八)年に他界してすでに三十数年が経ったいまもなお、混迷の現在に生きる私たちに多大な影響を与えているのです。

「これほど根強い人気がある安岡正篤は、どんなことを教えているのか?」

「その教えを全般的、かつコンパクトに知りたい」

「そして安岡正篤の教えから人生の指針を得たい」

こんな要望を本書は満たそうとするものです。

次のような学びが期待できます。

◎この人生を立派に生き抜くには、どんな生き方をすればいいのか。目指すべき人物像とは、どのようなものか。みずからを磨き、創る大切さが学べます。

◎よく生きていくうえで身につけておくべき人間学とは何か。人間学をどう学んでいけばいいのか。学校では教えない「活学《かつがく》」の大切さが学べます。

◎人生に立ちはだかる難所や壁を突破するために、どのようなものの見方や考え方をすればいいのか。目からウロコの賢い発想法を学べます。

◎運命とは何か。運命をどうとらえ、どう主体的に生きていくべきか。この人生は定まったものであるという宿命論を超えて、みずからの未来を切り拓いていく「立命《りつめい》」の方法を学べます。

◎宇宙、社会、人間をどう受け止めて対応していけばいいのか。その原理原則や応対の要諦が学べます。

◎中国思想やわが国の先賢たちの大いなる遺産から何を学べばいいのか。儒学や老荘《ろうそう》などの思想や、その読書法を学べます。

本書は「第一部　人物を創る」「第二部　活学のすすめ」「第三部　古典に学ぶ」という三部で構成し、十二章からなっています。また、入門書としての性格を持ち、安岡正篤の世界を広く案内するものです。解説においても、なるべく安岡の著書のなかであげられている事例をとりました。

さて、安岡正篤の活動期間は長いものでした。学生時代から活動を始め、東京帝国大学を卒業した年には『王陽明研究《おうようめいけんきゅう》』を出版しています。このようにスタートが早く、二十代ですでに一家をなすほどの風格がそなわっていました。

また、その活動期には先の大戦がありました。時代の風潮や圧力に主張を変える人が相次いだなかで安岡は戦前も戦後も一貫した態度をとっています。その思想にはブレがありません。東洋古典の研究を旨とし、わが国をリードしていくエリートたちの育成にいそしんだのです。

このように、時代の波に振り回されることなく一貫しているところに信頼感があり、安岡学の魅力があります。まさに安岡がよくいうように、思想が血肉と化していたのです。

十年前のこと。本書旧版（後述）の出版のご承諾をいただくために、東武東上線《とうぶとうじょう》の武蔵嵐山《むさしらんざん》駅から歩いて十数分の立地にある安岡正篤記念館に、ご子息の安岡正泰《まさやす》氏を訪ねたことがありました。

「師弟という関係と、親子という関係とは違うんですね。安岡を父に持って、親子の情を持って育てられたように思います」

父の安岡からは、この大学に進みなさいとか、そもそも大学に行かなければならないとかいった押しつけはなく、みずからの進路について主体性を尊重されたとうかがいました。

さらに、実社会に出るにあたっては、「縁を大切にしなさい」という教えを受け、ほかにも、志を持つこと、敬することを父の背中から学んだといいます。

安岡に、父子における子の育成について述べている言葉があります。

「子供は言説で教えるよりも、情的に感じ取らせることの方が大切なのです。親父は千言万語を費やして説教するよりも、黙って子供に見せることであります」と。まさに著書に書かれていることをみずから実践されている感があり、言行一致に裏づけられた確かさに深く感じ入ったひとときでした。

本書は、旧版（『安岡正篤　こころを磨く言葉』）を全面的に改稿するとともに、新たな原稿を加えました。とくに第三部は全篇が書き下ろしです。

旧著の出版にあたっては、ご子息の安岡正泰氏、ならびに財団法人郷学《きょうがく》研修所、安岡正篤記念館のみなさまに多大なるご支援とご配慮をいただきました。また、二〇一七年（平成二十九）には安岡正篤生誕百二十年を迎え、師の道統を引く一般社団法人関西師友《かんさいしゆう》協会で記念大会が開催されます。その実行副委員長で、関西師友協会理事の今西恭晟《いまにしたかあき》氏には格別のご高配を賜りました。

心からの感謝を申しあげるとともに、読者のみなさまには、本書が安岡正篤の世界へのよき案内となり、すばらしい自己創造が行われることを念願してやみません。

池田《いけだ》　光《ひかる》

安岡正篤　運命を思いどおりに変える言葉　目次

第二部　活学のすすめ

第五章　人間学を学ぶ

第七章　運命を変える

第八章　人を動かす、世の中を動かす

第三部　古典に学ぶ

第九章　本の読み方

第一部

人物を創る

第一章

品格をつくる

片言隻句《へんげんせっく》に表現される——
そういう言葉・文句ほど尊いのです。
だからえらくできた人の言葉は単純です。
だらだらと、お前一体
何を言おうとするんだというような、
つべこべ言う人間は、できておらん。
できるに従ってあまりつべこべ言わん。
単純明白に表現する。

片言隻句とは、ほんの短い言葉のことです。その背景には重要な思想があったり、歴史的な事実があったりします。また、こんなわずかな文字数のなかに、作者の精神や経験が凝縮されています。本来、精神や経験というのはたいへん複雑なものですが、そうした複雑性を含みながらも、単純明晰《めいせき》な「一言」へと昇華させたものが片言隻句です。

だから言葉が生きています。「その一言」に鮮血が脈打っているのです。片言隻句が人生に与える効果を安岡はこう解説しています。

「世間の人々は、長編論文なんていうものによって人生を渡るものではない。大抵は片言隻句、即《すなわ》ちごく短い、しかし無限の味わいのある真理・教えによって、生きる力を得る」（『活《かっ》眼《がん》　活学』）

と。人は片言隻句から生きる力を受け取ることができます。

ただ、この力を得るには、その人が何かに一所懸命になっていることが必要です。誰よりも問題意識がある人に響くからです。そのとき、この言葉は何かをなすうえでの羅針盤となっているはずです。

「シンプルな言葉」は人生の羅針盤となる。

2
「夢」が持つ意味とは

少年時代には夢がある。
夢が大きいということは、
無限性を持っておることだ。
言い換えれば何にでもなれる可能性を
持っておることだから、
本人は何にでも成りたがる。

子どもとは、どのような存在なのでしょうか。多くの大人たちは「子どもは幼稚であり、経験もわずかで、たいした内容がない」と思っています。しかし、これは錯覚だとして安岡は次のような見方を語っています。

①子どもは豊かな内容、能力を持っている
②子どもは無限的なものであり、宝蔵である
③子どもは感激すると、何にでもなろうとする

このように自己限定しないのが子どもです。思い思いに夢を抱《いだ》き、何にでもなろうとします。ただ、夢を持つには「感激する」という心の働きが必要です。

ところが、いろんなものに感激しても、実際は夢の一部が実現されるだけ。では、実現しなかった夢はどうなるのでしょうか。

それらは実現した夢の肥料になるのです。夢が無駄になることはありません。だから、幼少期には偉人に憧れ、大いに感激することです。みずからを制限することなく、何にでもなろうと目を輝かせばいいのです。

夢は「感激」の心から生まれ、人生に目標を与える。

3

「鈍は大成のための好資質」とはどういうことか

人の評する秀才だの、鈍才だの、
全く意に介するに足りません。
一《いっ》に発憤と努力如何《いかん》であります。
〝鈍〟は時に大成のための
好資質とさえ言うことができます。
鈍はごまかしません。
おっとりと時をかけて漸習《ぜんしゅう》します。

雨でも風の日でも、どんな日も丹念に拭き掃除をし、何百年もかけて磨きこまれた廊下は見事な底光りがしています。紅葉の季節に京都の古寺を散策すると、磨きあげられた廊下に庭のもみじが映っていて、ハッと息をのむような美しさに驚かされることがあります。その美しさにはガラスに映ったものには真似《まね》のできない重厚さがあります。

最初からよく映るガラスを「秀才」に喩《たと》えますと、磨きこまなければ映らない廊下は「鈍才」です。

しかし、毎日磨きこんでいくと、この鈍才はお寺の廊下のように大成します。それは何十年、何百年という時の刷りこみが放つ光です。ごまかしのきかない光です。

この底光りの廊下こそ、気が遠くなりそうな時をかけて漸習した「鈍」なるものの大成した姿ではないでしょうか。

安岡は「下手なのが一所懸命習い込んだというものは、なんとも言えぬ重厚なよいものです」(『運命を開く』)といいます。まさに鈍才とは時をかけて磨きこむことができる絶好の資質です。

昔から「四耐《したい》」という言葉があります。
四つの忍耐、一つは冷《ひや》やかなることに耐える。
人生の冷たいことに耐える。
第二は苦しいことに耐える。
第三は煩わしいことに耐えること、
第四は閑《かん》に耐える。
この閑、退屈に耐えるということが
一番難しいことです。

耐えがたいものに「冷《れい》」「苦《く》」「煩《はん》」「閑《かん》」の四つがあります。なかでも最も我慢できないのが四番目の「閑に耐える」ということです。人は忙しいときは「暇が欲しい」というけれども、まったく暇になると、退屈にどう向きあっていけばいいのか苦慮します。最初の三つ――「冷やかなることに耐える」「苦しいことに耐える」「煩わしいことに耐える」ということには、自分の外側に耐えるべき対象があります。相手がある問題です。この相手にどう向かっていくか、おのずと対策が見えてきます。

しかし、「閑に耐える」というのは向かうべき外側の対象がありません。為《な》すべきことがないままに、無限にも感じられる時間が与えられるのです。そこでは自分の内面と向きあわなければなりません。だからこそ安岡は「よく閑に耐え、閑を楽しみ、閑を活《い》かすような人は、よほど偉い人であります」（『運命を開く』）といっているのです。

人間ができていない小人《しょうじん》は、暇を持て余すとろくでもないことをします。「小人閑居《かんきょ》して不善をなす」といいますが、そのとおりです。これは自分の退屈を満たすものが外側にしかないことを示しているのです。

内面を充実させれば、退屈も満足に変わる。

世の中には長所が短所の人間があり、
短所が長所の人間もある、
この短所が長所の人間程
偉大なる人物であります。

人間としての深みがないと、生まれつき目鼻立ちがよければよいほど、のっぺりした顔つきになって軽薄さが露呈します。天賦の美しさは、ある意味で残酷なもので、その長所を磨かなければ短所となりやすいのです。

逆に、目や鼻や口の一つひとつがどんなに形が悪くても、配置がよくなくても、修養して人間を磨いていくと、短所であったはずの容貌が、なんともいえない魅力となってきます。ひとつの芸術にまでなると安岡はいっています。

前者のタイプが「長所が短所の人間」です。生まれつきの才がありながらも、それを磨いてこなかった人です。こういう人は年を経るにつれて人間としての薄っぺらさが浮きあがってきます。

後者の「短所が長所の人間」というタイプは長年磨きこまれて底光りした廊下のような存在です。

人はどんなに「鈍」であろうと短所から長所を創造していけます。こういう人間が偉いのです。

「短所が長所の人間」ほど魅力的である。

6
「君子」「小人」とはどのような人か

およそ才が徳に勝った型のものはこれを小人といい、これに反して、徳が才に勝《すぐ》れた型のものは、これを君子という。（中略）

たとえいかに大きな人物であっても、どちらかといえば、才が勝つものは等しく小人、たとえいかに小人物でも、どちらかといえば徳が勝つものは君子、したがって小人にも君子にも多種多様あって、いちがいに小人であるといって卑しむこともできぬ。君子であるとて、たいして尊ぶに足らぬものもある。

どういう人を君子といい、小人というかを安岡の著書から抜き出しておきましょう。

◎君子……「たとえ不才無能であっても、君子というものは、そんな才能の有無にかかわらず、国家・社会を鎮める、安定させるだけの功徳があります。本当にできた人であれば、多少仕事ができなくとも、その人の存在だけで重量、すなわち安定性があります」

◎小人……「小人で多才多芸の者は、とかく国を乱す。こういう者は、小さな知恵だの才だのというものはあるが、人間ができていないので、世を乱します」（『先哲《せんてつ》講座』）

一言でまとめると、君子とは徳の人、小人とは才の人です。明治維新の傑物である西郷隆《さいごうたか》盛《もり》（一八二七〜一八七七）は君子型の典型的な人物であり、これに対して勝海舟《かつかいしゅう》（一八二三〜一八九九）は非凡であっても小人型で、「小人の雄」だと安岡は評しています。

社会を見渡すといろんな人間であふれています。パッと見ただけでは人物のほどはわかりません。では、人物を知るにはどうすればいいのでしょうか。やはり根幹をなすのは、人道にかなった「徳」タイプか、何かに秀でた「才」タイプかを見分けることでしょう。ここを見逃さず、ほかの要素も観察することです。

「君子」とは西郷隆盛のような人、「小人」とは勝海舟のような人である。

正常に生まれ、正常に育った人間なら、幼少のときから指導宜《よろ》しきを得れば、それ相応にみな立派なものになる。決して、天才とか神童とかいうものと、かけ離れたものではない。

『日本外史《にほんがいし》』を著した幕末の儒学者頼山陽《らいさんよう》（一七八〇〜一八三二）は、わずか十三歳のときに江《え》戸《ど》にいた父春水《しゅんすい》に次のような漢詩を送っています。

十有三春秋　逝者已如水　　十有三《じゅうゆうさん》の春秋、逝《ゆ》く者はすでに水のごとし。
天地無始終　人生有生死　　天地、始終なし。人生、生死あり。
安得類古人　千載列青史　　いずくんぞ古人に類して、千載青史《せんざいせいし》に列するを得ん。

五句と六句を現代語訳すると「なんとか古《いにしえ》の聖賢たちの仲間入りをして、千年後までもこの名を歴史に列《つら》ねたいものだ」となります。この若き山陽の志には驚かされます。

しかし、安岡は「これくらいのことは、十三歳にならなくても、感ずることです。指導宜しきを得れば、これをちゃんと自覚して、何かの形で表現するものです」（『青年の大成』）といいます。実際、幕末の志士たちを調べると、二十歳にして堂々たる国士として大成しています。問題は若いうちに人間学の指導を得ることができるかどうかです。

人間学を学べば若くても大成できる。

人物たることとの第一の条件は
理想を持つということであって、
理想を持つとその理想に照らして
現実に対する反省批判というものが起《おこ》って来る。
即ち「見識」というものが生ずるのであります。

理想肌の人は長期的な目標から現状を変えようとします。文字どおり「百年の計」を立てるのですが、このとき、しっかり現実を見据えている人が成功します。現実をいいかげんにしていると、理想は空想へと化してしまうからです。現実肌の人は新しい取り組みには否定的ですが、現時点で不具合が発生すれば修正しようとします。要するに理想肌と現実肌の違いは、長期的な目標から現状を見つめているかどうかです。

理想とは志です。志があるところには芯からの元気が生まれます。また、志を持つことから進歩は始まります。空想に浮かれても、現実に縛られても、理想を実現できません。一歩ずつでも、このままではどうにもならない現状を、あるべき姿に近づけることです。

安岡は「理想を持つとその理想に照らして現実に対する反省批判というものが起って来る」（『経政瑣言《けいせいさげん》総編《そうへん》』）と指摘しますが、この反省批判を見識といいます。人は守るべき所帯を持ったり社会的地位ができたりすると、理想に向かうことに臆病になりがちです。見識だけでなく断行力が求められます。それだけに理想に向かって奮闘し続ける人は得がたい人物だといえます。

〝芯からの元気〟は志のあるところから生まれる。

心配事があって心配するということは
人間として自然のことであるが、
そのために意気地なく苦しんだり、
意地も張りもなくなったり、
うろたえたり、
仕事が手につかなくなったりはしない。
平常と変わらず仕事ができる
というのでなければならない。

昔、白隠《はくいん》禅師（一六八五〜一七六八）のもとに参じていた老婆がいました。その老婆には孫がありあるとき、この孫が亡くなったのです。

老婆は深く悲しみ、嘆いていたところ、そこに老婆を尊敬していた男が悔やみに訪ねて、「あなたのように禅に参じて、できた人でも、お孫さんを亡くしたら悲しいのですか」と尋ねました。すると老婆は、「孫が死んで悲しくないような禅ならやめてしまえ」といったそうです。

そんな話を紹介しながら、安岡は、人物ができるということは喜怒哀楽がなくなることではない、悲しいときには悲しむし、うれしいときには素直に喜ぶものだといいます。むしろ修養すればするほど、人間が最も人間らしく自然になるのです。

ただ、問題はその次です。悲しいときには心から悲しんでよい。しかし、できた人は、どんなに悲しんだからといって自分をなくしたり、仕事が手につかなくなったりするということがありません。取り乱して自分を見失うということがないのです。感情に翻弄されるかどうか、ここが俗物と人物の分かれ目です。

感情表現が素直になるのは、あなたの修養が積まれた証拠である。

10
「壺中天」とはどういうものか

人間はどんな境遇にありましても、
自分だけの内面世界はつくり得る。
いかなる壺中《こちゅう》の天《てん》を持つかによって
人の風致が決まるものです。

安岡が揮毫《きごう》の際によく書いた言葉に「六中観《りくちゅうかん》」があります。

「忙中閑あり　苦中楽あり　死中活あり　壺中天あり　意中人あり　腹中書あり」というものです。このうちの四番目が「壺中天あり」ですが、これには『後漢書《ごかんじょ》』（方術《ほうじゅつ》伝《でん》）に故事があります。

昔、汝南《じょなん》の役人をしていた費長房《ひちょうぼう》（中国後漢の道士《どうし》）が薬売りの老翁に頼みこんで壺のなかに入れてもらい、黄金や宝玉で飾られた荘厳な宮殿がある別天地の楽しみをしたというのです。この別天地は、いわば費長房の内面世界でしょう。

さて、右の安岡の言葉には三つのポイントがうかがえます。

①人はどんな世俗の生活にあっても別天地の楽しみを持つことができる
②では、どういう別天地を持つか、どんな内面世界をつくるかが肝要である
③この内面世界こそが、その人間の趣を決める

その人に固有の内面世界が現実の世にあって、どこか俗世を超越させてくれるのです。ここに風雅がかもしだされます。

人の味わいは「内面世界」からつくりだされる。

人間というものは、
もっと精神的な、高い情操を刺激した時に、
本当に生命力が高まる。

生命の力が弱まると、創造する力が鈍くなってきます。

森羅万象をつくる造化《ぞうか》（天地万物を創造し、生成変化すること）の働きは壮大な創造の営みであり、それによって宇宙は進化し続けています。

その一部分である人間も進化の一翼を担っています。理想を持ち、これに向かって社会や文化を創造していくためには、いきいきした生命力が必要です。やはり人間はエネルギッシュでないといけません。

では、どうすれば生命力は高まるのでしょうか。

安岡は「うまいものを食べて、どんな贅沢《ぜいたく》をしても、健康は良くならない。生命は内実高まらないのであります。むしろ、生命はむしばまれ、健康は損なわれる」（『運命を創る』）と注意を促しています。

精神的刺激こそが生命力を高める秘訣《ひけつ》です。たんに肉体に食物を補給することでは生命力は高まりません。食べたり儲《もう》けたりするだけではなく、精神に訴えかけることが人を奮い立たせるのです。

生命力は精神的刺激を受けることで湧いてくる。

われわれの一生も、大体は日計すれば足らずで、
何事によらず赤字と思われますが、
しかし、いよいよ老いて生涯を省みて黒字だとなれば、
これは道に合った成功の人生ということになります。
反対に一日一日きびきびやってきたつもりだが、
さて死にがけになって、
〝一体俺は何をしてきたのだろうか〟
というような大赤字になったのでは、
これは失敗の人生であります。

「日計すれば足らず、歳計すれば余りあり」（『荘子《そうし》』庚桑楚《こうそうそ》篇）という言葉があります。一日一日の収支は赤字でも、一年の決算をしたら黒字になっているということです。老子《ろうし》の弟子に庚桑楚という者がいました。彼は岩石のごろごろした山里に住居を構えると、この地を治めました。こうして三年ほど経ったころに豊作に恵まれます。

最初、土地の人々は庚桑楚を変わり者だと思っていましたが、「日々は赤字でも、結果を見れば黒字になっている。きっと聖人に近い人物なのだろう。君主として尊ぼうではないか」と話しあったということです。

この教えは人生に置き換えても通じるものがあります。志を持ち、目標に向かっている人はなかなか目標に近づけないので、毎日が赤字の連続と見えます。しかし、継続していると日々の蓄積がやがて目標の実現＝黒字となります。「ゴールで黒字になればいい」というくらいに、どっしり構えることができる人が志を果たす人物といえます。

この人生で成功したかどうかは最後に総計して決まるものです。その都度の浮き沈みにとらわれていては、成功するものも失敗させてしまいます。

「成功とは人生の総計を黒字にすること」と心得る。

人間は「自由」と同時に「分際《ぶんざい》」として存在する。
これを統一して「自分」と言うのであります。

自分の「自」には独自や自由という意味があります。また、自分の「分」には全体や集団のなかの部分という意味があり、これを分際といいます。つまり、自分とは、やりたいことをやり、個性を発揮しながらも、全体の調和を図っていく存在だということです。こうした「自」と「分」が統合された絶妙なあり方が「自分」です。

ここをわきまえないと、たとえば「自由」を履き違えることになります。集団を維持するにはルールが必要ですが、若いときは往々にして、このルールが自分を縛りつけるものに見えます。そしてルールを無視して好き勝手をやることが自由だと勘違いするものです。これでは分際という意識は希薄です。安岡がいうように「分が分際から分裂の分になり、自己が分れてしまう。それは利己でしかない」(『照心《しょうしん》語録』)という結果になります。ルールがおかしければ建設的な変更を加えようとするのが分際の意識がある人でしょう。

「分」を忘れると社会や組織に浅い考えでかかわってしまいます。だからといって過度に「分」に偏るのも危険です。みずからの「独自性」や「自由」を追求する「自」を確立し、持ち場でしっかり自立すれば、決して組織のなかに埋没することはありません。

「自分」という存在の〝絶妙なあり方〟を知っておく。

第二章

新しい自分に生まれ変わる

14
なぜ日々心を新たにすべきなのか

「日に新たに日々に新たなり」
というのが自然の相であるから、
停滞固定は造化に反する。
我々は常に自己を新しくしてゆかねばならない。

殷《いん》（商《しょう》）王朝を開いた湯王《とうおう》は、自分が使用するたらいに、こんな銘を刻みつけていました。

「まことに日に新たに、日々に新たに、また日に新たなり」（『大学《だいがく》』伝二章）

たらいに銘を刻んだのは、この水でアカを洗い落とすように、つねにみずからを新しくしていかなければならないと戒めるためです。「日に新た」という言葉が三回も繰り返されているほどですから、停滞してはならないという思いの強さがうかがえます。

宇宙も自然も日々変化し、創造活動を行っています。これが実相であり、絶え間なく生成変化していく造化のなかにある人間も、その人生においてつねに自己を新しくしていかなければならないと安岡はいいます。

ところが、人間というのは、年をとるにしたがって、ともすれば滞っていく傾向にあります。だからといって、停滞し、固定化してしまうことは造化に反することで、存在する意義をなくします。

人は何歳になっても、みずからの意思によって自己を新しくしていけます。いえ、新しくしていくことが、自然の相《すがた》にしたがった生き方なのです。

人間には〝新しい自分〟に生まれ変わる力がある。

15
何かを成し遂げるために必要なこととは

人間の進歩というものは、（中略）感動から始まる。
偉大な発明発見でも、あるいは悟りでもそうです。
みんな感動がないといけない。

ある短編小説に「自分の畢生《ひっせい》の願ひは、驚きたいといふことだ」（国木田独歩《くにきだどっぽ》「牛肉と馬鈴薯《じゃがいも》」）という一文があります。変化し、創造していくことが宇宙の自然な働きなのに、ともすれば停滞、固定してしまう人間にとって「驚きたい」という欲求は覚醒するのに欠かせないものです。

安岡はこの短編小説を引用したあとで、「人間の性命《せいめい》（持って生まれた性質や命数）は慣性的・慢性的になると、ダレて、衝撃を与えないと躍動しなくなる」（『照心語録』）と解説しています。「感動」する若々しい心、「感激」する瑞々《みずみず》しい心が求められるということです。たとえばリンゴが落ちるのを見ても、普通の人は見過ごしてしまいます。しかし、ニュートンは「リンゴが落ちる」という現象に驚きを発して科学的発見の閃《ひらめ》きを得ました。

感動したり感激したりするには心を柔らかくすることです。問題意識の深さと感受性の高さが心を柔軟にします。そして、この一点で人は振り分けられます。「凡と非凡のわかれる所は能力の如何ではない。精神であり感激の問題だ」（同書）と安岡がいうように、ある事実をどれだけの感激をともなって受け止められるかにかかっているのです。

「感動」や「感激」によって人は生まれ変わる。

発憤《はっぷん》は言い換えれば、感激性というもので、これは人間にとって欠くことの出来ない大事なものである。

感激性がなくなると、人は急に老いていきます。

儒学の祖である孔子《こうし》（前五五二〜前四七九）にこんな話があります。

ある人から孔子の人物を尋ねられた弟子の子路《しろ》（前五四三〜前四八〇）は何も答えないままでいました。すると師の孔子はこう諭します。「おまえは、こういえばよかったのだ。『その人となりは、ものに感激（発憤）しては食事することも忘れ、努力のなかに楽しんで憂いを忘れ、年をとることを知らない人です』と」（『論語《ろんご》』述而《じゅつじ》第七）と。

孔子は、みずから語るように、精神的な感激があると、食べることすら忘れて、そのことに没頭できる人物でした。ちなみに訓読文では「発憤して食を忘れる」となります。食べるというのは基本的欲求であり、最も俗世的《ぞくせいてき》なことです。これすら忘れてしまうところに脱俗《だつぞく》ともいえる生活があり、精神性の豊かさがあります。

発憤することがない人は身辺の雑事や日常の俗務に浸りきり、食も旺盛です。欲望を満たすことで刺激を得ようとするからです。そこには精神的な向上はありません。生命の躍動がないので老いが早まってきます。

早く老いることの原因は、
肉体より精神にあります。
精神に感激性のなくなることにあります。
物に感じなくなる、
身辺の雑事、日常の俗務以外に感じなくなる、
向上の大事に感激性を持たなくなる、
これが一番いけません。

明治時代はわが国において最も若い感性にあふれた時期でした。黒船の来航をきっかけに長く続いた幕藩体制が崩壊し、近代日本の黎明期《れいめいき》となったのが明治です。この時代の指導者はすぐに感激して泣いたと安岡は指摘しています。

「明治の人達、と言っても詔勅に関係ある人達ですから、当代一流の人物ばかりでありますが、みなよく泣いておる」「兎《と》に角《かく》昔はよく泣いておる。天下国家を論じては泣き、書を読んでは泣いておる」（『論語に学ぶ』）

この時代の指導者たちの感激性は天下や国家を論じ、何をなすべきかという「義《ぎ》（すべきこと）」に重きを置いたところにあります。彼らの精神的な感激性が世俗的な欲求から解脱させていました。

しかし、時代がくだるにつれて義は廃れ、利害や打算を胸に私利私欲に走るという小粒な指導層が現れます。すると「利《り》（お金）」のために特権を使うようになり、これを法律で取り締まろうとする現代では誰も泣かなくなりました。この感激性が薄れた時代とは「民族精神の悲しむべき衰退に外ならない」（同書）と安岡はいいます。

何かを成し遂げた人は、みな感激性が高い。

人間の精神というものは、
それが低い場合には何かに衝突する。

ある企業での話。事業本部の管轄下にある商品部と販売部が業績低下の原因をめぐって対立していました。それぞれに言い分があり、商品部は「いい商品を生産したり仕入れたりしているのに、販売部のやり方が悪いから売れないんだ」と考えています。

また、販売部は販売部で「うちはみんなよくやっている。問題は肝心の商品力が競争相手に負けていることだ」と売れない責任が商品部にあると睨《にら》んでいます。

両部門が対立したままセクショナリズムが発揮されると建設的な議論はできません。

こんなとき、ひとつ上の立場に立って考えてみるのです。商品部と販売部にとって共通の上位部門は事業本部。この視点から競争相手と自社を比較して市場におけるポジションを明確にします。そして、どうすればお客さまに支持されるのかを話しあっていきます。すると、みんなの意識はセクショナリズムを超え、内責めのフィルターが外れて、プラスのアイデアが出てくるようになります。さらにアイデアの相乗効果で、より大胆な発想が生まれます。

ポイントは意識を高みへと上げることです。人間の精神は低い場合には衝突しますが、高みでは衝突はなくなるからです。

意識レベルを上位概念へと高めると、対立は不思議と解決する。

大抵我々は物事が心をわずらわすのではなく、
わが心が心をわずらわすのである。

どんな問題が起こっても、慌てることなく平常心で対処すれば、問題は解決へと緩みだし、ほどけていくものです。そのためには落ち着いて、まず「何が問題か」を明確にし、次に問題解決の手順を描いて順に処理していけばいいのです。

ところが、問題が起こると「たいへんだ」と慌てる人がいます。じたばたし、うろうろしていたかと思うと、唐突に対策に走っていきます。問題を明確にしていないので、行き当たりばったりの行動しかとれません。その結果、ますます事態はこじれます。

これは問題が心をわずらわせているのではありません。問題が起きたことを「たいへんだ」と受け止めた心が自分の心をわずらわせているのです。

そんな人の行動パターンを安岡は次の三つにまとめています。

◎問題が起こる前……ぼんやり怠けている

◎問題が起こったら……じたばたしたり、うろうろしたりする

◎問題が片づくと……やれやれとばかり、またうっかり過ごしてしまう

このパターンを続けているかぎり、その人は、いつも何かに翻弄され続けるだけです。

うろたえる原因は問題そのものではなく心のなかにある。

20
時の勢いに乗るには

時というものは、機というものの連続であります。
だから、時というものをとらえようと思うなら
機をとらえなければならない。
これは一度逃してしまえば
なかなか始末におえないものであります。
その時が至っておるにもかかわらず、疑って、
まだ時機が早いとか、やれ反作用がどうだとか言って、
ぐずぐずする。（中略）
どうしても進歩が止まってしまう。

機というのは、そこを押さえたら全体に効果が波及していくツボのようなものです。勘どころといっていいかもしれません。そんな「ツボ」や「勘どころ」をタイミングよく押さえると流れを一気に変えることができます。このように、ここぞというタイミングを「時機」と呼びます。

時流をつかみ、時の勢いに乗ろうと思ったら、この時機をうまくとらえなければなりません。兵学書の古典である『六韜《りくとう》』に「善を見て怠り、時至りて疑い、非を知りて処《お》る。この三者、道の止まるところなり」(文韜《ぶんとう》・明伝《めい》第五)とあります。

①善を見て怠る……よいことだとわかっていても、これを実行せずに怠る

②時至りて疑う……好機がきているのに疑って「まだ時機が早い」「反作用があるのではないか」と、ぐずぐずとためらう

③非を知りて処る……間違っていると知りながら、何もせず、改めようとしない

こうした三つに陥ると何も進まなくなってしまいます。①よいことを実行に移す、②つねに機敏に機をとらえて逃さない、③改めることを憚《はばか》らないことです。

チャンスのツボをとらえる〝三つの方法〟を忘れない。

真に新しいものは、
必ず古いものから生まれるのでありまして、
突如として出るものではない。

明治維新が成功した背景には、これに先行する徳川《とくがわ》幕府二百六十五年の文化が必要であったと安岡はいいます。

「神道とか国学、儒教とか仏教、というようなものが実によく庶民にまで滲透《しんとう》して、これによって培養された精神・文化が立派な日本人の魂をつくり、気風をつくって、これが明治維新の原動力となった」（『日本の伝統精神』）

と。何もないところからいきなり明治維新が起こったわけではありません。維新の人物たちは江戸時代の伝統教育のなかから輩出されました。しかも、その文化は高いものでした。だから見識を持った志士たちが活躍したのです。

このように前の時代の伝統は決して秩序を維持させるだけではありません。時代が変われば新しいものを生み出します。

陰陽太極図《いんようたいきょくず》を思い浮かべてください。陰陽の気が徐々に盛んになっていき、陰は陽を飲みこもうとし、陽は陰を飲みこもうとする図です。陰が極まれば陽に変ずるのですが、このように古いものが極まったところで次の新しいものが誕生していくのです。

22

「稚心」は何歳ぐらいで捨てるべきか

童心という時は、子供に最もよく現れておるところの純真な求道心を言う。

つまり伸びよう伸びようとする心を言うのである。

非常に良い意味であるが、稚心《ちしん》というのは、その反対の方だ。

稚心というのは、子供にありがちな他愛《たわい》ない心を言うのである。

成熟しない、発達しない、まだ青いことを言う。

夭折《ようせつ》した幕末の志士橋本左内《はしもとさない》（一八三四〜一八五九）は十五歳で『啓発録《けいはつろく》』を著し、学を志すための五項目を掲げました。

①稚心を去る（去稚心）、②気を振《ふる》う（振気）、③志を立つ（立志）、④学に勉《つと》む（勉学）、⑤交友を択《えら》ぶ（択交友）の五つです。

なかでも「稚心を去る」を第一にあげたのには特別の意味があるからでしょう。

稚心とは子どもにありがちな未熟な心のことで、左内は「十三四歳にもなり、学問を志すうえで、稚心が毛ほどにも残っている場合は、何事も上達せず、とても天下の大豪傑になることはかなわない」（『啓発録』）と書いています。稚心は自分を甘えさせ、成熟を妨げる幼稚な心です。

これに対して童心は「純真な求道心」であり、大人になっても持ち続けたい心です。成熟した精神の持ち主がいつまでも子どものような驚きの心、感動の心、感激の心を持って目を輝かせているのが童心です。この心があるかぎり、日常はくすむことなく、鮮やかな色彩の世界となります。

捨てるべき「稚心」と、持ち続けるべき「童心」の違いを知っておく。

「大きな人間」になるには

何かになるということは限定である。
それになじんでしまうと、
本当に区々《くく》たる人間になってしまう。

子どもは生まれたときは何者でもなく、どんな限定もありません。宝がつまった蔵のような存在であり、可能性でいっぱいです。これが子どもに対する安岡の見方です。

ところが大きくなって学校に入るころから限定が強まります。文科系に進むのか理科系に進むのか。進路を選ぶとは、ほかの可能性を捨てていくことです。

学校を卒業してどこかの組織に入れば、さらに何部、何課、何係と細かく限定され、そこに安住してしまうと「区々たる人間」になってしまいます。つまり自分に専門が与えられ、その役割になじむと殻ができてしまうのです。そして、いつしか限定された自分が現実の自分だと思いこむようになります。

人間は本来、宇宙と一如であり、どんな限定も受けていないはずです。意識は無限に広がっています。その証拠に海外にも、月にも、どこにでも心を馳《は》せることができます。また、時間を超えて過去や未来を想像することもできます。たしかに社会的には自分を限定し、その役割を果たすことが世の中に最も貢献できる生き方でしょう。しかし、心まで限定する必要はありません。全人的に生き、小成に安んじないことです。

24

年をとっても人は変化していけるのか

六十になっても、
六十になったただけ自己を変化創造してゆく。
六十にして六十化し、
七十にして七十化し、
八十にして八十化す。
生きている限りは創造変化してやまない。
これが自然の本体であり、
人生の本体である。

昔、中国の衛《えい》という国に、蘧伯玉《きょはくぎょく》（中国春秋《しゅんじゅう》時代の政治家）というすぐれた大夫《たいふ》がいました。人は普通、年をとるとともに停滞していくものです。しかし、彼は何歳になっても生きているかぎり自分を新たにするという人生態度を一貫させた人です。

①何歳になっても修養していく

『淮南子《えなんじ》』は「行年五十にして四十九年の非を知る」（原道訓《げんどうくん》）と伯玉を評しています。五十歳になったら、これまでの四十九年間を振り返って、その誤りに気づき、正していく。何歳になっても、さらなる修養をしていくということです。

②何歳になっても絶えず生き方を変えていく

また、『荘子』には「行年六十にして六十化す」（則陽篇《そくようへん》）とあります。伯玉は六十歳にして六十回も自分の生き方を変えてきました。毎年生き方を変えようとするのですから、人はいくつになっても、これでよいというゴールに達することができません。ここから人間はいつまで経っても未熟な存在だと後ろ向きに受け止めることもできます。しかし、自然は変化するもの、人間だって変化して前進することだと前向きな受け止め方もできます。

新しい生き方は何歳になっても創造できる。

円滑に、活発に、常に新たに、
即ち、「日に新たに、日々に新たに、
また日に新たに」
スムーズにゆくのを「因命《いんめい》」という。
これがそうゆかないで
大きな変化、大きな波をうってゆく場合
「革命《かくめい》」という。

どんなにすばらしい社会も時を経るにつれて歪《ひず》みが溜《た》まってきます。やがて部分的な補修では間にあわなくなり、社会に大きな変化を起こして刷新する必要が生まれます。変化の起こし方に「因命」と「革命」の二つがあると安岡はいいます。

◎因命……スムーズに変化していきながら社会を一新するのが因命です。その典型として「維新」があります。「周《しゅう》という国はずいぶんと古い国ですが、その命は、維《こ》れ新たなり」（『詩経《しきょう》』大雅《たいが》・文王《ぶんのう》）の一文から「維新」の語が成立しました。周は古くから続いている王国ですが、昔から伝わる悪習を改めて、つねに新ただということです。

◎革命……中国において天命を受けた有徳者が暴君に代わって新しい王朝を興す。これが革命です。たとえば湯王は暴政を行った夏《か》王朝を倒して殷王朝を興し、武王《ぶおう》は同様に殷王朝に代わって周王朝を開きました。国家のあり方をがらりと変える「革命（命を革《あらた》む）」の語は『易経《えききょう》』が出典であり、「革卦《かくか》」のところに記載されています。

では、維新（因命）と革命のどちらがよいのでしょうか。血の争いはできるかぎり避けたいものです。すなわち理想は明治維新のような因命です。

状況を変えるには「革命」より「維新」から学ぶ。

第三章

こころを磨く

太陽の光に浴さなければ、
物が育たないのと同じことで、
人間の理想精神というものは、心の太陽です。
理想に向かって情熱を湧かすということは、
日に向かう、太陽を仰ぐということです。

世の中には慣性の法則が働いて社会がうまく維持されています。暮らしが安定し、効率がよくなるのもこのおかげでしょう。ところが他方で世の中は刻々と変化し、いつしか歪みが溜まっていくものですが、そんな状況であっても慣性の法則は現状を維持し続けます。これを旧弊といいます。

旧弊を打ち破るのが「理想」です。現状を維持しようとする慣性の法則は人の心にも働いています。こんなときに理想を持たないと表面的な補修ですまそうとするものです。よほど強い信念がないとできません。しかし、理想を持てば、その思いは必ず現実を動かします。

性善説を説いた孟子《もうし》（前三七二？～前二八九？）に「志は気を率い、気は人間の体に充満しているものだ（志は気の帥なり。気は体の充なり）」（『孟子』公孫丑《こうそんちゅう》）という有名な言葉があります。志とは心のおもむくところです。理想と置き換えてもいいでしょう。理想が士気を高め、気のエネルギーを率います。このエネルギーは肉体に満ち、いつでも行動できる充実感をつくりだします。このことは「理想は心の太陽であり、この太陽を仰ぐことで情熱が湧く」（『運命を開く』）という右の安岡の言葉に通底しています。

「理想」には「現実」を動かす力がある。

27

「潜在エネルギー」を高めるには

もの静かなふうであっても、事に当ると、
ねばり強い、迫力や実行力に富んだ人がいる。
潜在エネルギーの問題である。
孟子で名高い「浩然《こうぜん》の気」がそれである。
この気力が養われておらねば事に堪えない。

孟子が斉《せい》の国に行ったときに公孫丑という者が弟子入りして、こう聞きました。

「もし先生が斉の宰相となり、先生が説かれている道を政治で行えば、その責任の大きさに多少の動揺はありませんか」

「四十を超してから動揺することはなくなったよ」

孟子はそう答えて心を動かさない方法を語り、「浩然の気」を養うことが大切だと教えました。

浩然の気はきわめて大きく強く、正しいもので、養えば天地に充満するほどにもなります。しかし、正義と人道に外れたことをすると、みるみるしぼんでしまいます。この気はたくさんの義が積み重なって生じるもので、外から取り入れることはできません。

安岡のいう「潜在エネルギー」は、この気を養うことで膨れあがります。浩然の気を養った人物は表面は穏やかでも、事に当たると、ねばり強く、実行力に富んでいます。大事をなそうとするには、この気を養うことです。幕末に活躍した志士たちは、みずからの正義を信じて浩然の気を養い、国のために働いたのです。

粘りと実行力を生む「潜在エネルギー」を養う方法を知る。

気を養うということも
客気《かっき》では駄目なのであります。
本当の気でなければならぬ。
それを何というか。士気と申しております。

南宋《なんそう》末期の軍人文天祥《ぶんてんしょう》（一二三六～一二八三）は敵の土牢《つちろう》に三年ものあいだ幽閉されます。二年が経ったとき、彼は「正気歌《せいきのうた》」を詠みました。序文にこういいます。

「脆弱《ぜいじゃく》な自分が幽閉された土室で寝起きして二年が経った。幸いにも病気にならなかったのは、日頃の修養のたまものである。その修養とは孟子のいう『浩然の気を養う』ことだ。……そして浩然の気とは天地の正気である」

と。浩然の気を養って士気を鼓舞した文天祥は忠臣の鑑《かがみ》として後世に称えられ、彼の「正気歌」は読み継がれました。松下村塾《しょうかそんじゅく》で多くの志士を育てた吉田松陰《よしだしょういん》（一八三〇～一八五九）も影響を受けたひとりでした。松陰は安政《あんせい》の大獄《たいごく》に連座して江戸で投獄されたとき、「文天祥の正気歌の韻に和す」と題した詩を詠んで士気を保ちます。孟子の浩然の気は、このように国を思う人々に受け継がれ、たとえ死の淵《ふち》にあっても心を安定させ、士気を高めました。

――もし「客気」であったなら、ひとたまりもなく押し潰されていたでしょう。客気は平常時でないと威張れない空《から》元気のようなものです。安岡は気を「客気」と「士気」に区別し、気を養うとはいっても、養うべき気は逆境でびくともしない士気であると教えています。

「浩然の気」を養えば、逆境でも心が乱れることはない。

29

身のまわりに「心の師」が見つからないときには

人間はできるだけ早いうちに、
できるだけ若いあいだに、
自分の心に理想の情熱を喚起するような
人物を持たない、理想像を持たない、私淑する人物を
持たないのと持つのとでは大きな違いです。
なるべく若い時期にこの理想精神の洗礼を受け、
心の情熱を燃やしたことは、
たとえ途中いかなる悲運に際会《さいかい》しても、
いかなる困難に出会っても、
かならず偉大な救いの力となる。

あなたの胸中には目標とする人物がいるでしょうか。

なるべく若い時期に尊敬する人物と出会い、学ぶことが大切です。こうして尊敬する人物を胸に抱くことは理想に燃える心を喚起し、これからの人生を劇的に変えることでしょう。

そうした人物との関係を表す言葉に、次のようなものがあります。

◎私淑《ししゅく》……直接教えを受けていないが、ひそかに師として尊敬し、模範とすること

◎親炙《しんしゃ》……尊敬する人に親しく接し、感化を受けること

◎師事《しじ》……師として仕え、教えを受けること

◎兄事《けいじ》……兄のように尊敬し、親しく接すること

なかでも私淑というのは同時代に生きる人物にかぎりません。過去の偉人や架空の人物も含んでいます。

安岡がよく「私淑する人物を持ちなさい」というのは書物から学ぶ人物を含めてのことです。その意味で、偉人伝はもっと読まれていい本でしょう。伝記文学は、「あのような偉大な人物になりたい」という理想精神を刺激します。

「心の師」は、歴史上の人物でも構わない。

私淑する人物につれて、持つべきものは、
愛読書、座右の書というものです。
憂きにつけ悲しきにつけ、
疲れたにつけ淋《さび》しいにつけて、
繙《ひもと》く心の書というものを持つ必要があります。

座右の書に選ばれるような本とは、どのようなものでしょうか。安岡はこんな事例で説明しています。

戦争で戦線の後方にいるときは雑誌や新聞などを読んでいた人が、だんだん前線に出るにしたがって、そういうものでは心を満たせなくなってくる。そして命がけの最前線に出て敵に直面した夜営では真剣な読書でないとおさまらないというのです。

そういうときに繙くのは、何より古典と呼ばれる書物です。「人間は真剣になると、くだらないもの、浅はかなものなど嫌になるのです。本当に命のこもった、尊い本でなければ身にこたえないのです」（『運命を開く』）と。

座右の書とはこのようなときに繙かずにおれない本であり、『論語』や『聖書』を選ぶ人が多いのも納得がいきます。いわば「無人島に一冊だけ携行するとしたら、どんな本を持って行きますか」という質問に答えられる本です。

そんな書物を何冊持っているかが、私淑する人物を持つのと同様に、人生に糧を与えてくれます。

無人島に一冊だけ携行するとしたら、どんな本を持って行くかを考えてみる。

人生に如何《いか》なる習慣をつけるか、
どんな立派な習慣をつくり上げるか、
つまり躾《しつ》けるか、
これはもう徳というものから離るべからざる
大事なものです。

安岡は習慣を次のように定義しています。

「人間の徳・人間の知・人間の技というものが、血になり肉になった、その人間の身体になった、それが習慣というものです」（『日本の伝統精神』）

と。つまり習慣とは、徳、知、技といった何かが、その人の身にそなわりきったものであり、躾けられたものです。習慣について安岡があげている格言を紹介しましょう。

◎「習慣は第二の天性である」

習慣によって獲得した能力は生まれつきそなわった天性の能力と見分けがつかないほどです。どんな習慣を身につけ、どんな能力を獲得するかは努力次第です。だから、人は第二の天性をみずからの意思でつかみ取ることができ、なりたいものになれるのです。

◎「人生は習慣の織物である」（スイスの詩人、哲学者アンリ・フレデリック・アミエルの日記から）

一万七千ページにもおよぶアミエルの日記は戦前から翻訳されて読み継がれてきました。「心が変われば行動が変わる。行動が変われば習慣が変わる」と連鎖していき、最終的に「人生が変わる」と説いたアミエルの有名な言葉とあわせて味わいたい格言です。

人間には潜在意識というものがあり、
我々の現動意識というものは
潜在意識のごく小部分にすぎない。
大事なことは潜在意識に徹する
ということであります。

いま、何かを思ったり考えたりして絶えず働いている現動意識は意識全体の一部でしかありません。これを氷山に喩えると、水面下にある潜在意識は巨大なもので、この潜在意識にまで透徹したことは人生に多大な影響を与えます。

安岡が人間学を志したのも、潜在意識に染み入った幼少期の人物や四書五経《ししょごきょう》などの古典教育からの影響といえます。

また、何事かをなそうとするとき、この潜在意識に透徹することが物事を成就させるうえで大切です。どれだけ潜在意識にまで奥深く染み透り、貫けるかということです。

ある経営者は事業の伸びが鈍化したとき、異業種、異分野への参入を決めました。その際、従業員一人ひとりの目標に対する執念が強くなければ成功しないと考え、経営スローガンに次の一文を掲げました。

「潜在意識にまで透徹するほどの強い持続した願望、熱意によって自分の立てた目標を達成しよう」

こうして京《きょう》セラの稲盛和夫《いなもりかずお》は難局を切り抜けて新事業を成功へと導いたのです。

「潜在意識」に徹すれば、難局は必ず切り抜けられる。

禅堂や道場等ではつとめて拭き掃除をさせた。
毎日、朝から晩まで学問・修養では
神経衰弱になって、
胃腸障害を起こしがちであります。
そこで清潔・清掃といって拭き掃除をさせる。
したがってこれは労働ではなく、
本当は養生であり、療養であったわけであります。

人類の文明の第一歩は人間が四つんばいではなく二本足で立ったことです。立つことによって、前足を手として活用でき、重い頭を支えることができました。そのおかげで脳は五百万年で三倍もの重量になるほどに発達しています。

しかし、健康上の弊害もそこから始まったと安岡はいいます。立つことは地球の引力に反することで、血流だけでもたいへんなことです。また、胃下垂、内臓下垂は立ったことから起こっています。

そこで四つんばいになって動物返りをし、数十分歩き回ってみると、胃腸病や神経衰弱などは治るのだそうです。

拭き掃除は、まさにこの実践です。

濡《ぬ》れ雑巾の上に両手を置き、長い廊下を拭いていく姿は、立つことを前提とした普段の姿勢とは違います。

このように禅堂や道場で行う拭き掃除は学問や修養とあわせてプログラムされた養生でもあるというのは理のあることです。

毎日の「雑巾がけ」にこめられた日本人の知恵を知る。

呼吸とは、呼は息を吐くことであり、
吸はすうことでありますから、
まず吐いてから吸うのでなければ
本当の呼吸とは言えない。
ところが大抵の人は吸呼している。
吸ってから吐いている。

無意識に行っている普段の呼吸は浅いレベルで行われています。「普通の人間の呼吸では、吐き出すのは大体肺の中に溜まっている空気の六分の一くらいで、残りの六分の五は底へ沈殿している」（『人物を修める』）と安岡はいっています。

つまり、普通に呼吸をしていては肺に空気は残り、すべて入れ替わっているわけではないのです。これは浅い呼吸（吸って吐くこと）を繰り返しているからです。

そこで文字どおりに呼吸（吐いてから吸うこと）をやってみましょう。

まず、意識的に息を吐き出します。

さらに、そのうえに勢いをつけて「おー」ともう一息を吐き出すと、沈殿していた残気が吐き出されます。

すると、次は息を吸おうと思わなくても自然に空気を取り入れることができます。

吐いてから吸うという呼吸をゆっくり繰り返してみると、心は落ち着き、頭がすっきりしてくるのがわかります。そして呼吸の乱れはなくなり、人物が落ち着いてきます。これなども調息のひとつでしょう。

深い呼吸が頭をすっきりさせ、人物を落ち着かせる。

ホッとした時、人間は何かつまみたくなる。
それが点心《てんしん》。
その意味は、つまり「心境を転開する」。
少しくたびれたような時、ちょっとお茶を飲んで、
お菓子でもつまむと、また気分が変る。

中国料理に点心がありますが、これはシュウマイやギョウザなどの食べ物のことで、おやつや軽食といったものです。そもそも点心は「空心《すきばら》に小食を点ずる」という禅語からきているという説が有力です。

安岡の説はこうです。点心とは「心境を転開（点開）する」ということで、「点開心胸《てんかいしんきょう》」の意味だとしています。平たくいうと「気分を変える」ことです。

「退屈した時、くたびれた時、その一点をうまく捕えて、ほっと一息つかせる。蘇生《そせい》の思いをさせることである」（『身心の学』）

つまり、点開心胸のポイントは、①タイミングをとらえる、②一息つかせる、③蘇生させるという三つです。

何か根をつめてやり、少しくたびれたときなどに、お茶を飲み、おやつでもつまむと、まさに気分は一転しますが、それが点心の効果です。

これは、おやつだけにかぎりません。仕事と仕事のあいだに軽いエッセイを読んだり、軽快な音楽を聴いて気分転換することも点心の技だといえます。

疲れた心が一気に蘇生する「点心」の効果を活用する。

質さえ善く安く眠れば
時間はまあ四、五時間で結構です。
八時間眠ることは贅沢であります。
間にちょっと十分か十五分眠れば足ると思います。

よく眠るには二つの条件があります。

①熟睡……質よく眠ることであり、深く眠ること

②安眠……安心して眠ることであり、精神状態を平和にして眠ること

このように、深く、平和に眠ると人は四、五時間の睡眠でよく、眠りすぎは贅沢だと安岡はいいます。

実際にそんな眠りを行って偉大な業績を残した先人がいます。その人物――本多静六《ほんだせいろく》（一八六六～一九五二）は睡眠の長さは「眠る深さ」によって決まるとして熟睡を心がけました。すると生涯にわたって四、五時間の睡眠で十分だったのです。

コツは「働きつづけて、眠くなったら、何もかも神様に返上したような気持ちで、コテッとひっくりかえり、熟睡する」（『本多静六　人生を豊かにする言葉』）ところにあると教えています。「何もかも神様に返上したような気持ち」とは心の荷物をすべてなくして何もない心境で眠ることでしょう。また昼間に眠くなったら、どんなところでも、その場で十分間ほど眠ればいいとした点でも、安岡と本多は同じ見解を述べています。

どんな忙人にでも、寸陰《すんいん》というものはある。
ちょっとした時間というものは必ずある。
そのちょっとした時間をつかむのです。
これに熟練すれば、
案外時間というものはあるものなのです。

寸陰とは、ほんのわずかな時間のことです。この短い時間をものにできるかどうかで生活や仕事の質さえ変わってきます。安岡は二つの方法を教えました。

①寸陰に目をつけると時間は生まれる

「忙しい」「暇がない」といっている人ほど小さな時間を無駄にしています。「時間ができたらやろう」と思っている人は結局、何もやれません。多忙な人ほど、こま切れ時間の価値を知っています。そして寸陰を積みあげてひと仕事をやりあげ、何かをモノにしているものです。時間をつくるには、わずかな時間に目をつけることです。

②寸陰を積み続けると質的変化が起こる

寸陰を積みあげるうちに時間の質が変わってきます。初めて弓を射ると的は遠くて見えないものです。しかし、ずっと修練していると、やがて小さな的が大きく見えてくるように、寸陰を活用し続けると、こま切れ時間がまとまった充実した時間へと転換してきます。わずか十分が、普通の人の三十分にも一時間以上にも相当するようになるのです。これは時間あたりの質を高めることによって時間をつくりだす妙法です。

あなたの〝時間の質〟を高める「寸陰」を活用する。

38
普段から持っておくべき「心の持ち方」とは

如何なる境地に臨んでも、
変らずに持たねばならぬ心を
尋常心、平常心という。
どんな危うきに臨んでも、
よし死に直面しようとも、
常の心を失わないということを尋常の覚悟という。

たとえば横幅が十五センチに満たない敷居の上を数メートルほど歩くとします。敷居というのは、ふすまや障子などをはめる溝のついた横木のことです。やや狭くても、誰だってこの上を普通に進めます。それは畳や床が横に張り出していて、落ちる心配がないからです。ところが、この敷居が深い谷にかかった橋だとしたら、たとえ数メートルでも渡ることはできません。足がすくみ、平衡感覚がおかしくなるのです。

同じ横幅であっても、畳や床の敷居の上なら歩けたことが、橋として谷にかかった敷居の上だと歩けなくなるのは、心の状態が変わったからです。

尋常心、あるいは平常心とは、どんなに状況が変わっても同じ心理状態でいられることです。どちらの敷居も歩いて渡れることです。このように通常とは違う状況でも、いつもどおりの心の安定性を持ってやり過ごせるかどうか……。

危機的な状況にあっても常の心を失わないためには、平安を保ち続ける心を養うことです。安岡はこの心を「尋常の覚悟」と呼んでいます。たとえ死病の告知をされても、尋常の覚悟ができている人は取り乱すことがありません。

危機的状況は〝常の心〟でやり過ごす。

第四章

人とのつきあい方

現実に満足しない、
即ち無限の進化向上を欲する
精神的機能が発して敬《けい》の心になる。
換言すれば、現実に甘んじないで、
より高きもの、より貴きものを
求めるという心が「敬」であります。

現代社会は、愛についてはよく語るのですが、「敬」ということを忘れ去っています。敬とは「尊敬」の敬であり、より貴いものを求める心です。この敬の心が忘れられ、反感すら抱かれているところに諸問題が発生するという文化観を安岡は持っています。

敬する心は、みずからを高め、より貴いものになろうとします。理想をつくり、これを目標とするので、現状に満足することはありません。人が努力し、向上しようという欲求はここから生まれます。このように、みずからを高めようとする背景には自分もまた尊敬されたいという気持ちがあります。

では、いつごろから敬の心が芽生えるのでしょうか。安岡は、幼児は物心がつくと、おのずから敬う対象を求めるものだと説いています。

「子供は愛によって育つが、人格として成長するためには必ず敬が要る」（『照心語録』）

人格的に成長しようとする心が敬う対象を求めさせるのです。このとき、母が愛の対象となり、父が敬の対象となります。教育の観点からも、父は子どもから尊敬されることが大切なのですが、そうなっていない現実があるのではないでしょうか。

「敬う心」が忘れ去られたところに、すべての原因がある。

恥を知れば必ず敬を知る。
敬を知れば必ず恥を知る。
敬はより高き尊きものに対する人間の感情である。
敬するを知れば、自ら省みて恥ずるようになる。
人間と動物との違いもつきつめると、
恥を知ると知らぬとに帰する。
だから人を罵る一番の語を「恥知らず」という。

孟子はこう語っています。

「恥じる心は、人間にとって、とても大切なものである。臨機応変にごまかしばかりやる人は、恥というものがないのだ。人に及ばないことを恥じない者は、どうして人に追いつくことができようか」（『孟子』尽心《じんしん》章句《しょうく》上）

と。恥じるから人は学問し、成長しようとするのです。恥を知ることが成長するうえでのモチベーションとなります。

同じ儒学の系譜のなかでも、祖の孔子は「敬」をよく説きました。孔子が没しておよそ一〇七年ほどあとに生まれた孟子は、すでに見たように「恥」を力説しています。

敬は現実に甘んじないで、より高いもの、より尊いものを求める心であり、理想主義的です。これに対して、恥というのは、いまの自分の状態を省みたときに抱く感情で、いわば現実に即したものです。

両者は敬を知るから恥を知り、恥を知るから敬を知るという裏腹の関係にあり、一対のものです。敬と恥の本能が学問を発展させ、文化を築かせていったのです。

「厚顔無恥」は成長を止めるが、「恥」は成長の源となる。

たいていは人と交わって久しうすると、人これを侮るものです。久敬《きゅうけい》という言葉がありますが、年が経つにつれて敬意を払うようになってこそ本物であります。

久敬とは『論語』（公冶長《こうやちょう》第五）の故事から生まれた言葉です。

春秋時代の斉の宰相であった晏嬰《あんえい》（?～前五百年）は孔子の少し先輩にあたる人物です。その晏嬰について、彼は人との交際が上手であったと孔子は賛美しています。

では、どのような交際であったかというと、これが久敬というものでした。『論語』には「久しくして之《これ》を敬す」（久而敬之）とあります。現代語訳すると「長いつきあいになっても、（晏嬰は）いつまでも相手に敬意を払い続けていた」となります。人は長く交際していると、お互いにだんだん敬意を失っていくものです。そんな関係のなかで絶えず敬意が保たれ、年とともに敬意が増していくというのは理想的な交際です。晏嬰は、みずからそのような関係を築いていったのです。

ところで『論語』の別本には「久しくして人、之を敬す」（久而人敬之）というように「人」の字が加わっているものがあります。これを現代語訳すると「長いつきあいになっても、人々はいつまでも晏嬰に敬意を払い続けていた」となります。安岡はこちらのほうが意味は通りやすいといっています。次の言葉で解説しましょう。

馴《な》れなれしくしすぎず、お互いが相手を敬い続けること。

人間は、交わらずには生きられない。
社会的動物と言われる所以《ゆえん》も
そこにあるわけですが、
そのくせ本当の交わりというものは
なかなか出来ないものであります。

「人」の一字が入っているか、いないかで解釈は変わってきます。「久而敬之」の四字の場合は「之」は人を指し、「(晏嬰は)人を敬した」となります。「久而人敬之」の五字では「之」は晏嬰を指し、「人は晏嬰を敬した」となります。

安岡は「人の字がないと、晏平仲《あんぺいちゅう》(晏嬰の別称)が人を敬することになりますから、この場合はやはりなければ意味がない」(『論語に学ぶ』)として後者の五字をとります。長い交際のなかでは次第に敬意がなくなっていくものです。しかし、「親しい」ということと「狎《な》れあう」ということとは違います。時が経ち、どんなに親しくなっても、狎れあうのではなく、むしろ敬意が高まっていく交際を人々は晏嬰に対して行ったということです。

安岡は「どれだけ、本当の交わりをしておるか、善く交わっておるか、ということになると、大抵は少し交わると、文句が出る、面白くなくなる、というようなことで悪くなりがちである」(同書)といいます。晏嬰と人々のあいだには、そのような礼を失した交際はありませんでした。それは晏嬰が人を敬したと同時に、人が晏嬰を敬したからです。四字と五字の解釈を一如として受け止めると、より深い理解にいたるでしょう。

「親しさ」と「狎れあい」の違いを意識する。

お辞儀というのは
「相手に敬意を表する」ことと思っているが、
それは第二義である。
第一義は相手を敬するということではなくて、
「自らを敬す」ということである。

お辞儀には対象があります。その対象に向かって頭を下げているのです。道端で知人にお辞儀する。お客さまにお辞儀する。講義の前後にお辞儀する。神さまや仏さまや先祖にお辞儀するなど。このとき、対象に向かって敬意を表していると思っていますが、それは第二の意義であって、根本的には「自らを敬す」ことだと安岡は指摘します。

あるビジネスパーソンが「私はお客さまに頭を下げているのではなく、お金に頭を下げているんです」といっているのを聞いたことがありますが、これはみずからの品性を物語っています。ましてや深々と頭を下げながらも心のなかでペロッと舌を出している人は、みずからを辱めているのです。相手に敬意を表していない以上に自分を敬していないからです。いくらお辞儀をしても、お辞儀する行為と心とが一致していないと、それは自分への背信でしかありません。

自分の尊厳に気づいてこそ相手に対して自然にお辞儀ができるのかもしれません。それだけではありません。自然や生きとし生けるものに対しても、おのずと頭が下がってくるものです。ここには「生」への畏敬の念と連帯意識があります。

お辞儀は自分への敬意であり、自分の尊厳に気づくこと。

西洋にあるラブ love とか、リーベン lieben とか、愛する、恋するなんていう語がある。あれは日本人にはしっくりしない。「私はあなたを愛します」なんて言うのはどうも気障《きざ》だ。それよりは「俺はあいつに参った」と言う方がよほど日本的で、かつ精神的価値も意義も高い。「俺はあいつに参った」ということは、「あの女は偉い」ということだ、尊敬することだ。

敬するものに少しでも近づこうとすることを「参る」といいます。神仏に参る、お寺に参るというときの「参る」です。

たとえば勝負をして負けたときに「参った」という言葉を使うのは、勝った相手を敬しているからだと安岡はいいます。男女間においても「俺はあいつに参った」とこの言葉を使うのは、そこに相手への尊敬の念があるからです。

では、「参る」という言葉は歴史的にどのように発達したのでしょうか。

「自分が敬する相手に少しでも近づき、できれば近くに仕えたい、という気持が起こってくると、今度はさらに命までも捧《ささ》げたくなる。これを『まつる』『たてまつる』といいます。この思想・精神が奈良朝《ならちょう》から平安朝《へいあんちょう》へかけて発達し、鎌倉《かまくら》以降武士道となります。そうして徳川時代になって円熟し、まいるとか、つかまつるというような語が普及したのです」

（『人物を修める』）

敬や恥といった文化が武士道を生んだ背景にあり、江戸時代にいたって精神性の高い「参る」という言葉に結実したと安岡は考えたのです。


相手への敬意は「参った」という言葉に表れている。

道というものは一番実践的なものだ。
道によらなければ我々はどこにもゆけない。
人生またしかり。
そこで、道を学ぶということが人生の根本である。

昔、中国のある僧が指導僧の師家《しけ》に、

「道とはいかなるものですか」

と尋ねました。師家は、ほれ、道ならそこにあるではないかと外を指差します。

僧は仏の道である「大道《だいどう》」のことをお尋ねしていますと食いさがると、

「大道なら、あのように都の長安《ちょうあん》に通っておるではないか」

師家がそう答えたのは、私たちが人生の道を歩むことと往来の道を進むこととは変わるところがないからです。安岡は、

「仏の道といっても別段変わった道があるわけではない、実践の過程でそれを踏んでゆかなければ目的地に到達することができないもの、それが道なのです」（『人物を修める』）

とまとめています。

道は目的地へと続くものです。ただこの道を歩めばいいのです。道から外れるから、目的地に到達できずに迷ってしまうのです。何よりも道を知ることです。これが道を学ぶということにほかなりません。


「道」を知ることが、目標を達成する最短コースである。

「道を楽しむ」では我と道とに対立の跡がある。

「道を知る」よりはいいが、
道そのものになっていない。

「道が楽し」。

そこまできて初めて自己と道と渾然《こんぜん》一体である。

『論語』に「之を知る者は、之を好む者に如《し》かず。之を好む者は、之を楽しむ者に如かず」（雍也《ようや》第六）とあります。「知るというのは、好むということにおよばない。好むというのは、楽しむということにおよばない」という意味です。つまり楽しむというのは知ることよりも好むことよりも最高なのです。ちなみに「楽しむ」の語源は胎児が母の胎内で手をかがめていて、その手を伸ばす開放感にあるそうです。つまり「手伸ばし→てのし→たのし」と変遷したのです。縮まっている手足を伸ばすとは生命を伸ばすことです。楽しむことで生命が開放され、生命力があふれてきます。

さて、道を歩んだり道を学んだりするのに、①道を知る→②道を好む→③道を楽しむと境地が開けていくと、道はどんどん自分の身に近づき、同化の度合いを高めていきます。ところが安岡は「道を楽しむ（楽道）」というのは、まだ「道」を対象化していて、自分と道とのあいだに対立の痕跡があると指摘します。そうではなく、道そのものになった「道が楽し（道楽）」という境地へと進んでこそ道と自分が渾然一体となります。この境地では人生の醍《だい》醐《ご》味《み》が味わえることでしょう。

人生の醍醐味は「道が楽し」の境地からあふれ出す。

人間たるの本質的要素とは何ぞや。
これは「徳性《とくせい》」というものでありまして、
平たい言葉で申せば、素直で、明るく、清い。
人を愛し、助ける、人のために尽す、或《あるい》は報いる。
又《また》いかなることにも堪える、忍ぶ。
従って努める、努力する。

人間としてそなわるべき第一のものが徳です。

明治のはじめに徳の高い禅僧がいました。しかし、とにかく無学の人で、才というものがまったく感じられません。あるとき、「七」という字を書いていて、「十」まで書き進んだときに、どちらに筆を曲げたらいいのかわからなくなってしまいました。

そこで小僧を呼んで、「七の字は、けつをどちらへ曲げるのか」と聞きました。小僧がくすくす笑って、

「右に曲げるのです」

と答えますと、禅僧は「うそつけ」と左にぐっと筆を曲げました。このように、まったく学問がありませんでしたが、安岡は「そのことで、この禅僧の徳が下がるわけではありません」と解説しています。

徳と才が高いレベルで兼ねそなわった聖人は別格としても、徳か才かというと、人間の本来的なものは徳であり、才は二義的なものです。むしろ才だけが高いと、その人は才に溺れるおそれがあり、用心してかからなければなりません。

人生で大事なことは「才」ではなく「徳」のなかにある。

第一に、心中常に「喜神《きしん》」を含むこと。（中略）
第二は、心中絶えず感謝の念を含むこと。（中略）
第三に、常に陰徳《いんとく》を志すこと。

三つのことを安岡は心がけていたそうです。

①心中常に「喜神」を含むこと

喜神とは「心のどこか奥のほうに喜びを持つ」ことです。どんなに苦しいときでも、心に喜神を含んでいると余裕が生まれ、発想が明るくなります。また、学ぶ姿勢ができます。たとえば、まわりから叱《しか》られたときに心中に喜神があると、学びになってよかったと感じられ、あらゆる出来事を自分の肥やしとして積極的に受け止めることができます。

②心中絶えず感謝の念を含むこと

一椀《わん》の飯を食べてもありがたいと、何かにつけて感謝の気持ちを持つことです。

③常に陰徳を志すこと

人知れずよいことをするのが陰徳です。昔から「陰徳あれば、陽報《ようほう》あり」(『淮南子』)といわれ、人知れず善行を積んだ結果として目に見えてよい報いが表れるとされてきました。しかし、このようなことを期待して陰徳を積むのではありません。少なくとも陰徳を積むと、①の喜神を養え、明るい考え方になるということは確かです。

安岡正篤が常に意識していた〝三つの心がけ〟を実践する。

泣き、笑い、怒ることに
もとよりなんら善悪はないと思う。
しかるにわれわれは往々にして
泣くことにおいて顚倒《てんとう》し、
笑うことにおいて顚倒し、
怒ることにおいて顚倒する。
顚倒するがゆえにわれらは容易に人生全体、
人生そのもの、もしくは宇宙全体、宇宙そのものを
経験することができなくなってしまう。

顚倒を「てんとう」と読むと、「さかさまになること、あわてふためいて度を失うこと、狼狽《ろうばい》、動転」という意味になります。

また、「てんどう」と濁点をつけて読むと、仏教用語で「煩悩などのために誤った見方をすること」となります。

右の言葉を仏教用語で解釈すると、

「泣いたり、笑ったり、怒ったりという煩悩にとらわれて、人は誤った見方をしてしまい、正しく人生そのものなどを経験することができなくなってしまう」

と読むことができます。これも、なかなか深みがあって興は尽きないのですが、ここでは「てんとう」と読みます。

「人は泣いたり、笑ったり、怒ったりすることで気が動転したり、狼狽したりし、全体を通観させなくしてしまい、人生そのものや宇宙そのものが経験できなくなってしまう」

ということです。泣いたり、笑ったり、怒ったりしても、心の奥に余裕や平安があれば、顚倒することはありません。

どんなに喜怒哀楽しても、〝心の平安〟さえ持っていればいい。

環境をよくするには

自分が居《お》るその場を照らす。
これは絶対に必要なことで、また出来ることだ。
真実なことだ。
片隅《へんぐう》を照らす！
この一燈《いっとう》が萬燈《まんとう》になると、「萬燈遍照《へんしょう》」になる。
こういう同志が、十万、百万となれば、
優に日本の環境も変わりましょう。

ひとりの人間が太陽のようにすべてを照らすというのは、神さまでない身でできるものではありません。実現可能なのは、自分が存在している片隅を照らすことです。そんなひとつの隅を照らす燈《ともしび》が増えていって何万という数になると、すべてを遍《あまね》く照らすことができます。これが世をよくする「一燈照隅・萬燈遍照」の方法です。「一隅を照らす」というのは日本天台宗《てんだいしゅう》の開祖最澄《さいちょう》（七六七〜八二二）の『山家学生式《さんげがくしょうしき》』に出てくる言葉です。

「国宝とは何物ぞ。宝は道心なり。道心有る人を名づけて国宝となす。故に古人言う。『径寸十枚、是《こ》れ国宝なるに非ず。一隅を照らす、此《こ》れ則《すなわ》ち国宝なり』」（『山家学生式』）。

現代語訳すると「国宝とは何かというと、道を修めようとする心であり、そんな心を持った人が国の宝なのだ。そこで中国の昔の賢者は『一寸の宝石十個が国宝なのではなく、社会の一隅にあって、その片隅を照らす人が国の宝だ』といった」となります。

つまり、①一隅を照らす人材こそ国の宝である、②そんな宝とすべき人材が何十万人、何百万人となると、よい社会が創造できるということです。一人ひとりの一燈の重みを知るとき、それを宝と呼ばずにはおれなかったのです。

一人ひとりの「一燈照隅行」が「萬燈遍照」となり、よい環境をつくる。

第二部

活学のすすめ

第五章

人間学を学ぶ

学問にも修養の学問と学校の学問とあります。
学校の学問は今日《こんにち》のような方法では
一向修養の役には立ちません。
人間学――人生学としての立場から
修養の学問を分類しますと、
従来四部《しぶ》の学というものがあります。
それは、経《けい》・史《し》・子《し》・集《しゅう》と云《い》う
四部の書に基《もと》づいています。

修養の学問である「人間学」は、経（儒学経典）・史（歴史）・子（諸子百家《しょしひゃっか》）・集（詩文などの文学）の四つからなっています。この四部分類法は、『隋書《ずいしょ》』経籍志《けいせきし》で立てられた漢籍の分類のしかたであり、初唐《しょとう》（七世紀）のころに中国で完成しました。

安岡の『経世瑣言　総編』から、それぞれの説明を抜粋しておきましょう。

◎経……「人生に最も原理的な指導力のある書」「吾々《われわれ》が如何に生くべきかの原理」

◎史……「吾等《われら》如何に生き来《き》ったかという生活の記録であり、畢竟《ひっきょう》如何に生き来ったかという事の裡《うち》より如何に生くべきかの理法を明らかにするもの」「生の尊い記録」

◎子……「人生に独特の観察と感化力とを持つ秀でた一家の言」

◎集……「思索や情操が、ある人格を通じて把握表現されたもの」「作家の詩歌《しいか》文章」

まとめると、①「いかに生きるべきか」という原理（経）を学び、②「どう生きてきたか」という歴史（史）を読み、③「私淑できる、すぐれた人物に学ぶ」という人物研究（子、集）を行うことが人間学です。ここからもわかるように、人間学は生涯学び続けるべき学問であるわけです。

人間学とは、「いかに生きるべきか」を学ぶこと。

学問というものは、まず自分が主体になって、
自分が積極的に始めなければならない。
つまり生きた学問、
いわゆる活学をやらねばならない。
心が照らされるのではなくて、
心がすべてを照らしてゆくような学問を
しなければならない。

たとえば古典のなかの古典である『論語』を読むとします。このとき、『論語』の注釈書をいくら並べて研究しても、こうした努力では自分とかけ離れた知識を増やすばかりで、人間づくりができるわけではありません。他方で『論語』をみずからの問題として読みこむのです。こうして練られた見識で時代を照らし、世情を照らしてこそ生きた学問といえます。このように自分に主体を置いた学問を「活学」といいます。

「自分が主になって、今まで読んだものを再び読んでみる。今度は自分の方が本を読むのです。虎関《こかん》禅師は、『古教照心《こきょうしょうしん》、心照古教《しんしょうこきょう》』と言っておるが、まことに教えられ考えさせられる深い力のある言葉です」(『人物を創る』)

この安岡の言葉にある虎関師錬《しれん》禅師(一二七八〜一三四六)は「古教は心を照らし、心は古教を照らす」という双方向を説きました。安岡は後者の「心が古教を照らす」ことにいたってこそ自分が主体となって学問するという境地に達するといいます。では、逆に知識を得るための学問が主体になるとどうなるでしょうか。学んで神経衰弱になることはあっても、生命力が高まることはありません。

勉強とは知識獲得のためではなく、「人間創り」のためにするもの。

吾々は切問近思《せつもんきんし》といって、
学問も例を身近に取って、
具体的に考えなくてはならぬ。
抽象的に自分の生活から遊離して考える程
その学問は空虚である。
実学しようと思えば思う程、具体的に
我が生活に取って考えなければならない。

安岡の右の言葉を読むには「切問」「近思」「実学」の三つの用語を理解することが必要です。まず実学から見ておきましょう。

実学というと明治期に「独立の精神」や「近代的実学」を説いた福沢諭吉《ふくざわゆきち》（一八三四〜一九〇二）が思い出されます。福沢の実学は「虚学ではない実際に役立つ学問、科学」という意味合いが強いのですが、安岡の場合はここに儒学の伝統が加わります。つまり実学とは「実際に役立つ学であり、同時に、誠（実）の学である」と。

そのような学問をするには「切問」し、「近思」することが欠かせません。切問とは切実な問いを発することであり、近思とは身近な実際の問題として考えることです。これらの用語の出典は『論語』です。「博《ひろ》く学びて篤《あつ》く志《しる》し、切に問いて近く思う（切問而近思）」（子張《しちょう》十九）とあります。現代語訳すると「広く学んでよく記憶し、切実な問題を立てて身近なことから考えていく」となります。もし「遠思（遠く思う）」すると、その学問は生活から遊離して空虚となり、抽象的なものになります。そうでなく、自分の身に引き当てて具体的に考えていくことが実学することなのです。

熱心に問いただし、自分の身に引き当てて考える。

54
「有源の井水」とはどういうものか

「有源《ゆうげん》の井水《せいすい》」という語があります。
人間の学問というものは、どんなに広くても、
堤防で囲まれた貯水池のようなもので
あってはいけない。それよりもたとえ狭くても、
井戸であれば、滾々《こんこん》として尽きない活きた水を
汲《く》み上げることが出来る。
つまり学問というものは
博学よりも活学が尊いということです。

陽明学《ようめいがく》を起こした王陽明（一四七二～一五二九）の言行録である『伝習録《でんしゅうろく》』に「有源の井水」の喩えが出てきます。深く掘られた井戸は地下で豊かな水源とつながり、いつも新鮮な水が湧いてきます。このように湧出する井戸水と貯水池に溜まったままの水を比べてみることで、王陽明は学問のあり方を述べたのでした。

安岡は「有源の井水」こそが活学だといいます。「深く精神・求道の水脈に徹して、活水を汲む学問にならなければならぬ」（『人生をひらく活学』）と。活学と博学の違いを見ておきましょう。

◎博学……知識を水に喩えると、博学とは貯水池のようなものです。どんなに大量の水が蓄えられていても、堤防で囲まれた水はどんより停滞し、よどんでいます。ともすれば博学は脈絡なく集められた雑学となることがあります。

◎活学……地下に水源がある井戸は活学に喩えられます。地中深く掘り下げられた井戸は狭いけれども、そこからは尽きることのない「新鮮な活きた水（知識）」を汲み上げることができます。必要に応じて湧きだす水……これこそが活水です。

「博学」より「活学」を重視する。

人物学を修める上において、
ここに捨てることの出来ない、
見逃すことの出来ない二つの秘訣がある。
それは極めて明瞭であって、
第一に人物に学ぶことであります。（中略）
その次に人物学に伴う実践、
即ち人物修練の根本的条件は怯《お》めず臆せず、勇敢に、
而《しこう》して己を空《むな》しうして、
あらゆる人生の体験を嘗《な》め尽すことであります。

安岡は戦前の著作のなかで「人物学」という言葉を使っています。現在なら「人間学」のほうが通りがいいかもしれませんが、ここでは「人物学」としましょう。さて、人物学を修める第一の方法は「人物に学ぶ」ことです。そのためには同時代のすぐれた人物に親炙するのです。親炙というのは尊敬する人物に親しく接して、じかに感化を受けることをいいます。同じ時代に生きる、尊敬できる人物から直接教えを受けられるなら幸せなことですが、これがかなわない場合はどうするか。古人に学びます。つまり書物を通じて過去のすぐれた人物を研究するのです。安岡は「偉大なる人物の面目を伝え、魂をこめておる文献」(『経世瑣言総編』)を選びなさいと教えています。

人物学を修める第二の方法は「あらゆる人生の体験を嘗め尽す」ことです。虚心に振り返ってみると、人生に無駄な体験はありません。安岡は「辛苦艱難《かんなん》、喜怒哀楽、利害得失、栄枯盛衰、そういう人生の事実、生活」(同書)を積極的に体験することが大切だといいます。ただ体験するだけではありません。「嘗め尽す」のです。苦しい体験をも嘗めて自分のものにします。そんななかから人物を練ることができます。

偉大な人物に学ぶことが人物学の第一歩。

56
思想や信仰は「生きた力」になるか

思想とか信念とか、信仰とかいうようなものは、
他から与えられたものではだめで、
個人の魂、個人の人格を通じて
発してくるものでなければならない。（中略）
どんな立派な理論や信仰でも、
それが自分の中を通じてこなければ、
決して生きた力にならない。

心にもないことを舌先でいくらでも語ることができます。また、うわべの知識や理論を、さも持論であるかのように振り回すこともできます。

「つまらぬ人間でも大層なことが言える。どこを押したらそんな音が出るかと思われるようなことも主張することができる。そういうものは真の智《ち》ということはできない」（『活眼　活学』）と安岡は切り捨てます。これらは実《じつ》がともなわない言葉です。真の智ではありません。ですが、舌先で丸めこむ人があとをたちません。

白隠禅師の師匠である正受《しょうじゅ》老人（一六四二～一七二一）は咳払《せきばら》いするだけで、めったに口をききませんでした。しかし、その咳払いが弟子たちにはたまらぬ魅力であり、無限の意味を持っていたと安岡は評しています。

表現がたったひとつの咳であっても、たまに口にするわずかな言葉であっても、正受老人から発せられたときには受けとめる側の顔つきは変わり、態度が違っていたのはなぜでしょうか。安岡の右の言葉にあるように、正受老人の咳やわずかな言葉には「個人の魂、個人の人格を通じて発してくるもの」（『人生の大則《たいそく》』）があったからでしょう。

「咳払いひとつ」から他人はあなたの人物を測っている。

57
知識や技術に走るとどうなるか

自分の内省、自己の修練を捨てて、
いたずらに知識や技術に走ったならば、
即ち自己疎外的教育学問に身を任しておったら、
だんだん人間はつまらなくなり頭は悪くなります。

幼少期から安岡は「四書五経」の素読《そどく》をするなど古典教育を受けて育ちました。やがて東京に出て旧制一高に入学するとドイツ語を習得し、西洋の学問を学ぶようになります。

しかし、学べば学ぶほど悶々《もんもん》とするのです。「神経衰弱になった」と安岡は振り返っています。そんな折、ふと手にとったのが幼少期に読んだ『論語』や『孟子』などの古典でした。読むとたちまち「飢えを満たし、渇きをいやす」ような満足感を得ることができました。

では、どうして西洋の学問を学んでいたときに安岡は神経衰弱になったのでしょうか。理由は「知性の学問」に偏っていたからです。それは抽象的な概念と論理の学問であり、自己疎外的なものでした。言い換えれば、その学問は生身の人間を棚に上げて知識の獲得に走らせるものだったのです。

学問をするときに大切なことは、「自分の内省」と「自己の修練」を忘れてはいけないということです。言い換えれば、自分の回路を経るということです。このことが安岡の胸に刻印されました。みずからの血肉を経なければ学びは活学にならないからです。こうして安岡は、自己疎外的な学問から脱することができたのです。

知識偏重の学問は「生きた力」にはならない。

そもそも本当においしく食べようと思えば、うまいものを探すのが本当か、あるいは腹を減らすのが本当か、たいせつな問題であります。

知識・学問も然《しか》りで、本当に我々が頭脳や人格を良くするためには、いろいろの知識を取得するのが本当か、知識欲を旺盛にするのが本筋か——もっと徹底して言えば、知識を愛する情緒・品性を養うことがたいせつか、ということであります。

空腹は最高のご馳走《ちそう》だという言葉があります。この一食がご馳走になるかどうかは食欲次第だということです。では、学問をするにも「学ばずにはおれない」という知識欲が決め手になるのでしょうか。安岡は次の三つの選択肢を掲げます。

①いろいろな知識を取得する

②知識欲を旺盛にする

③知識を愛する情緒、品性を養う

安岡の優先順位では、①が低いことは明らかです。また、②の知識欲を旺盛にすることは大切ですが、その前提となる③の「知識を愛する情緒、品性を養う」ことを安岡は強調しています。

十五歳で「稚心（幼稚な心）を去れ」と書いた橋本左内の決意。十三歳で「千載青史に列するを得ん（千年後までも歴史にこの名を列ねたい）」という詩をつくった頼山陽の志。これらは知識欲に先立つ精神です。このように彼らの決意や志に見られるような情緒や品性こそが本物の学問をさせる原動力となるのです。

知識を愛する情緒、品性を養う。

いちばん先に幼児が感ずることは何か。
「明るい」と「暗い」との明暗である。
その次は、清いということと不潔ということ。
これは幼児の二大感覚です。（中略）
この明るいということと、清いということを
子供の時によく躾けておいたら、
大きくなって賄賂をとるとか、
汚職をすることなどしなくなる。

人間づくりの出発点ともいえる幼児期の教育では次の二つの感覚を躾け、さらにこれらを伸ばすようにするのがよいと安岡は教えています。

①「明るい」ということを躾ける

何よりも両親が暗い表情をしないことです。いつも子どもに明るく接し、子どもに笑顔を向けるには、そうできるだけの親の人間性が問われます。また、夜道の暗がりのなかで「お星さまが光っているよ」「お月さまがきれいだよ」と指差して子どもに語りかけます。どんな闇のなかにも明るいものはあるのです。その明るさや美しさを子どもが実感できるように働きかけていきます。決して「お化けが出るよ」と脅かしてはいけません。

②「清い」「清潔」ということを躾ける

「泥んこ遊びは汚いからだめ」と禁止することが清潔を躾けることではありません。まず、汚れなどを気にせず、遊びたいだけ遊ばせることです。ただ、終わったら手足をしっかり洗うことを習慣にさせます。これが「汚れに染まらぬ習慣」です。端《はな》から汚れないように自己規制することが清潔を躾けることではありません。

「明るい」「清潔」の二つの感覚を早いうちから身につける。

60

「人生の関所」にぶつかったときには

人生は、しばしば出会わねばならぬ関所を
幾つも通り抜ける旅路であり、そこで
一関、二関はうまく抜けても、三関、四関となると、
往々にして、その関所を通ることができず、
挫折する、引き返すということになりがちです。（中略）
難しい、解き難い、通り難い、
すなわち、難解難透の関《かん》をいくつか通りますうちに、
ついに真の自由——古い言葉で申しますと、
無碍自在《むげじざい》というような境地に到達して、
すなわち「無関《むかん》に遊ぶ」こともできるようになります。

禅の世界で「関《かん》」という言葉は他人を叱咤《しった》する「喝」とか「咄《とつ》」と同様な使い方をされます。「そら、罠《わな》にはまるぞ！」といったような意味で「気をつけろ」という警戒感を高めるために「関」の一語を浴びせるのです。

また、関は通行人を止める関所の「関《せき》」であり、「さえぎり止めるもの」という意味があります。

こうした二つの意味を含めて、人生には「さえぎり、止めるもの」が何カ所もあり、思いがけないところで行きづまるものですが、そんなときに「そこが関所だ。罠にはまるぞ、気をつけて切り抜けていけ！」と自分に言い聞かせて乗り越えていく。

一つや二つの関所はうまく切り抜けても、三つ目、四つ目も同じようにクリアできるとはかぎりません。

しかし、関所のどこかでとどまれば、そこで成長は止まってしまいます。努力を結集して関所を切り抜けていくのです。そうした暁に関所が関所ではなくなり、「無関に遊ぶ」という自由の境地に到達することができるようになります。

「真の自由」は、いくつもの関所を切り抜けたときに得られる。

奇跡などというのは研究不足、
勉強不足の者の言葉でありまして、
原因・結果というものは
常にはっきりしておるのです。
悪いことをしますと、
いつかは悪い結果があらわれ、
善いことをすれば善い結果があらわれる、
というのは厳粛な自然の法則であります。

禅の公案集『無門関《むもんかん》』の第二則に「百丈野狐《ひゃくじょうやこ》」という次の問答があります。

百丈《ひゃくじょう》懐海《えかい》禅師（七四九〜八一四）の説法の席でいつも聴聞している老人がいましたが、その日はなかなか帰ろうとしません。禅師は「何者か」と声をかけます。すると老人は「私は人間ではありません。大昔、住職をしていたとき、ひとりの僧から『大修行し、悟った者でも因果の法則に支配されるのか』と問われ、『因果に落ちない（不落因果《ふらくいんが》）』と答えました。それ以来、五百生ものあいだ野狐の身に堕ちてしまいました。本当の答えはなんでしょうか」と尋ねます。懐海禅師は言下に「因果をくらまさない（不昧因果《ふまいいんが》）」と答えました。これを聞いて老人は判然と悟り、成仏したという話です。

いくら修行に励み、悟ったからといって、それで「因果の法則」を超越したり、無視したりすることはできません。不可思議な現象が起こるわけではないのです。ところが老人は「因果の法則に支配されない」と誤った答えをしたために野狐に堕ちました。

現代も因果の法則を無視した怪しげな商法などに引っかかっている人を見かけます。安岡はこんな人に目を覚ませといっているのです。因果関係をくらまさないことです。

「原因と結果の法則」から目を背けてはいけない。

人間学の根本、本筋というものは、
やはり東洋・西洋の別なく、
一言で申しますと「修己治人《しゅうこちじん》」——
己を修め人を治めるということが
第一でありまして、
学問というものが観念の遊戯になっては
値打ちがありません。

世の人々を治めることができるのは、何より指導者がみずからを修養して人々に尊敬され、信頼を勝ちえてこそです。これを「修己治人」、または「徳治主義」と呼びます。

『論語』（憲問《けんもん》第十四）にこんな話があります。

子路が「君子とはいかなる人物ですか」と師の孔子に質問します。「自分を修養して怠らず、慎み深いものにすることだ」と孔子は教えますが、その答えに子路は納得がいきません。引き続き孔子は「自分を修養して天下万民を安心させることだ」とつけ加えますが、まだ子路は納得がいかず、浮かぬ顔をしています。そこで孔子は、

「自分を修養して天下万民を安心させることだが、これは理想の天子といわれた堯《ぎょう》、舜《しゅん》のような聖人でも難事であるとして苦労されたのだ」

と強調します。孔子のこの教えには一貫して「自分を修養して……」という前提が置かれています。この前提には一点のブレもありません。

自分の修養を棚に上げた観念的な学びでないところが人間学の根本です。ここに君子の学問があるのです。

自分を修養すれば、他人からの信頼はおのずから生まれる。

第六章

ものの見方、考え方

ものを考える上に大切な三つの原則を述べておきたいと存じます。
第一は、目先にとらわれず、長い目で見る。
第二は、物事の一面だけを見ないで、できるだけ多面的・全面的に観察する。
第三は、枝葉末節にこだわることなく、根本的に考察する。

われわれがなかなか本質をつかめない理由は、目先のものにとらわれる、一面から判断してしまう、枝葉末節にこだわるといった表層的な見方をしてしまいがちだからです。

では、物事の本質をつかむには、どんな考え方をすればいいのでしょうか。
①長期的……目先の現象にとらわれないようにすること。たとえば時間軸を延ばして大きな流れやトレンドをつかんだり、先々に発生しそうな問題を予測したりすること
②多面的・全面的……たとえば売り手の立場だけでなく、買い手の立場ではどうかと、いろんな角度から見ること。つまり多方面から考え、全体的な観察をすること
③根本的……目に見える現象から、なぜ、なぜ、なぜと深めていき、底に流れる根本的なものをつかもうとすること
こうした考え方を習慣化すれば安岡の「思考の三原則」が身につきます。具体的に株価はどうなるか、需要が伸びる分野は何か、今後の交渉をどうすればいいかなど、どんな問題についても三つの観点から考えを深めていくと、人は、その人なりに、いつもより賢い答えを出せるはずです。

戦略というものは攻城兵戦にあるのではない。
武器を持って相戦《あい》うのではない。
そういうものは下策であって、
上策は相手の心を攻めるのだ。
心戦をやるのだ。言い換えれば、
思想戦、謀略戦、心理戦、冷戦である。

戦いには上策と下策があります。目に見える華々しい戦いは下策です。たとえば武力の時代では城を攻め落として兵力で屈服させるといったものです。上策は水面下で物事を決するという戦い方です。現象としては、ただ平和な状態が続いているだけに見えます。しかし、その裏で展開されているのは思想戦であり、謀略戦であり、心理戦なのです。

安岡の右の言葉は智謀《ちぼう》の士馬謖《ばしょく》（一九〇～二二八）が丞相《じょうしょう》の諸葛孔明《しょかつこうめい》（一八一～二三四）に献策したときの言葉を解説したものです。二二五年に諸葛孔明が南征したときに参謀の馬謖はこう進言します。「そもそも用兵の道は、心を攻めることを上策とし、城を攻めることを下策とし、心を屈服させる戦いを上策とし、武器による戦いを下策とします。願わくは、公（孔明）には彼ら（孟獲《もうかく》を指導者とする南方の勢力）の心を屈服させられんことを」（井波律子《いなみりつこ》訳『正史三国志』蜀書《しょくしょ》・馬謖伝）と。孔明はこの策を受け入れます。そして南方の指導者孟獲を何度もとらえますが、そのたびに許して解放します。孟獲は七度目に放されたとき、ついに孔明に心服して帰順を誓い、二度と反乱を起こそうとしませんでした。こうした心理戦で孔明は南方の勢力を平定したのです。

相手の心を攻めれば、水面下で勝負は決する。

本当に天下を動かす者は物事の束縛を受けない。
事の外に立っている。
事の内に屈しないという自由を持っている。
超越している。

幕末の儒者である山田方谷《やまだほうこく》(一八〇五～一八七七)は備中松山藩《びっちゅうまつやまはん》(岡山県高梁市《たかはしし》)の貧しい家に生まれながらも儒学を学び、やがて藩の元締役《もとじめやく》にまでに取り立てられて藩政改革を任されます。松山藩には十万両の借金がありました。方谷は藩の財政を見事に立て直し、八年間でさらに十万両もの蓄財を成し遂げました。誰にもなしえなかった改革を方谷はどのようにやったのでしょうか。最大のポイントは問題解決にあたる方谷の姿勢にありました。

「それ善く天下の事を制する者は、事の外に立って、事の内に屈せず」(山田方谷『理財を論ず』)と。意訳すると「天下の問題をよく解決できる人物は問題の外に立つのである。決して問題の渦中に取りこまれることはない」となります。この姿勢で方谷は「利」の前に「義」を立て、「義」を重んじて藩政の改革を行いました。もし財政問題の渦中に飛びこんでいたとしたら、手足をからめとられたに違いありません。

安岡が右の言葉で解説しているように、大きな改革を成功に導くには「物事の束縛を受けない」「事の外に立つ」「事の内に屈しない」「事に超越している」という立場にみずからを置くことができるかどうかにかかっています。

問題の外に立って、束縛を受けない立場から解決する。

枝葉末節に捉われて物の本質を失うということは
俗人のことである。
達人は枝葉末節を捨てて、正鵠《せいこく》を把握する。

枝葉末節を削《そ》ぎ落として本質を浮かびあがらせる——その事例として江戸時代の儒者広瀬《ひろせ》淡窓《たんそう》（一七八二〜一八五六）の『淡窓詩話《しわ》』から、こんな話を安岡は紹介しています。

ある俳人の弟子が俳句をひとつつくって師匠に見てもらいました。

「板の間に　下女取り落とす　海鼠《なまこ》哉《かな》」

師匠はこの句には道具立てが多いと却下します。枝葉が多すぎるとテーマが曖昧になるからです。そこで弟子は枝葉を落として再挑戦します。

「板の間に　取り落としたる　海鼠哉」

よくなったものの、まだ一考すべしと許しが出ません。そこで考え抜き、

「取り落とし　取り落としたる　海鼠哉」

と、ぎりぎりまで削ぎ落とします。師匠は手を打って「これが句作の精神だ」とほめました。余計なものを削ぐことで本質がくっきり浮かび上がり、イメージが豊かに膨らみます。

実際、物事を考えるときにありがちなのは枝葉末節にとらわれて本質をつかみ損ねるということです。そんなとき、ばっさり枝葉を削ぎ落とせばいいのです。

人間は特に目が大切であります。
即ち物が見えなければなりません。
それも単なる肉眼では目先しか見えません。
それではすこぶる危険であります。
我々は外と同時に内を見、
現在と同時に過去も未来も見、
また現象の奥に本体を見なければなりません。

「肉眼」だけに頼らず、「心眼」を鍛える。

肉眼だけが目ではありません。心眼《しんがん》という目があります。心眼は物事の表層を透過してその真相を鋭く見分けます。

肉眼で見えるものは表面であり、目先だけです。仮にすぐれた人物をどう見いだすのかを考えてみると、心眼でないと人物の程度を見抜けません。心眼を養う方法のひとつは客観的に自分というものを観察してみることです。徹底して観察すれば、いくぶんか表層を突き抜ける目を養えるでしょう。さて、心眼が開くと視界が変わってきます。

◎外と同時に内が見えるようになる
◎現在と同時に過去と未来が見えるようになる
◎現象の奥に本体が見えるようになる

このように見えないものを見る目を持たないと目先のことに追われてしまいます。たとえば企業が最も目に見えるのは利益です。ところが利益にとらわれると事業にとって大切なものを見失い、その結果、会社を潰してしまいます。

リーダーに求められるのは心眼を開くことです。

智（知）の本質は
物を分別《ふんべつ》し、認識し、推理してゆくにある。
だから「物分かり」という。
しかし「分かつ」という働きが
だんだん末梢化《まっしょうか》してゆくと、
生命の本源から遠ざかる。
本当の智というものは物を分別すると同時に、
物を総合・統一してゆかねばならない。

安岡は知の本質は「円《えん》」に象徴されると考えました。朱子学《しゅしがく》の祖である朱熹《しゅき》（一一三〇～一二〇〇）が編纂《へんさん》した『近思録《きんしろく》』にこんな一節があります。「智（知）は円《まど》かならんことを欲し、行いは方《ほう》ならんことを欲す」と。この意味は「知は滞らない円循環するものでありたい。行為は流されない正しいものでありたい」ということでしょう。知には滞ることがない円の柔軟さが必要であり、安岡はここに知の本質を見たのです。

わかるとは「分ける」ことです。これが西洋における「知」のあり方です。まとまりのある全体を要素に分けることで認識、推理しやすくなり、対象をうまく把握できます。こうして専門化の度合いがどんどん高まっていくと知は末梢化していき、生命の本源から遠ざかっていきます。やがて分化の極致に達した「知」は円循環するように総合化へと向かい、生命の本源へと還《かえ》って新たな「知」の次元に向かいます。

このように知の本質は末梢化すればつねに根本に還る「円循環」にあります。ポイントは「滞らない」ことです。これに対して行為は安易に妥協したり長いものに巻かれたりせず、「流されない」ことが大切だと『近思録』の一節は教えています。

知の本質は、末梢化すれば、つねに根本に還る「円循環」にある。

人生の物事を浅薄軽率に割り切らないことです。
人生というものは、
非常に複雑な因縁果報の網で、
変化極まりないものであります。
人間がこれを軽々しく独断することは、
とんでもない愚昧であり、
危険であると言わねばなりません。

胃のあたりが痛むとします。この痛みを治すには、まず原因を特定することです。そこで原因と考えられることを思い出してみると、①暑さで体がダレていた、②前夜は遅くまで作業をした、③酒を飲みすぎた、④おもしろくないことがあっていらいらしていた、⑤何か悪いものを食べた、と浮かんできます。

こうして考えた結果、「悪いものを食べて胃が痛くなった」と原因⑤を選んで結果と結びつけると、①から④は切り捨てられます。これが「割り切る」ということです。

割り切るからこそ物事がはっきりするという利点があります。しかし、人生や社会のことになるとそう簡単にいかないと安岡はいいます。

「人生社会の現実問題となると、因果関係が非常に複雑で、何がどういう縁で、どういう結果を生み、どうはね返ってくるか（報）、測るべからざるものがあります」（『運命を開く』）と。単純な因果関係で割り切ってこの世を生きていくと、ある面で生きるのは楽になるかもしれません。しかし、割り切って捨てたもののなかに、大切なものが含まれていたかもしれません。あまりにも割り切りすぎると、深みがなく愚かな人生になってしまいます。

因果関係を単純化せず、深みのある人生を生きる。

「中《ちゅう》」というのは
常識的な意味の「真ん中」という意味ではなくて、
陰陽が相和して、
そして活発な創造に進むことを
「中」というのです。

二つのものの中間点を「真ん中」といいますが、これは「中」ではありません。中というのは、もっとダイナミックで創造的なものです。

あるところに仲のよい姉妹がいました。テーブルには一個のオレンジがあり、二人はそれぞれにオレンジが欲しいと思っています。どのように分けたらいいでしょうか。

パッと思いつく答えは仲よく半分分けをすることです。これは真ん中で切るという方法です。しかし、姉妹はそうしませんでした。

姉が「どうしてオレンジが欲しいの?」と妹に聞いたのです。「食べたいから」と妹は答えました。姉は「私はママレードをつくりたいのよ」というと、さっそく皮をむき、中身を妹にあげました。妹は大喜びです。そして姉はママレードづくりのために皮をとるという分け方をしたのです。これが中です。幼い子どもにもできる技です。

ここに「意見A」と「意見B」があるとします。単純に「(A+B)÷2」でいこうと決めるのは両者の真ん中であり、中ではありません。中とはAとBを吟味して両方が納得できる「C」という新しい見解を創造することです。

「A」と「B」から、納得できる「C」をつくりだす発想法に学ぶ。

自動車の運転一つにしても、最初のうちは
車と運転者とが相扞格《あいかんかく》して抵抗し合っておるけれども、
だんだん練習しておるうちに
そういう扞格がなくなって、
車と人とが一体になってくる。
つまり無意識的活動になってくる。
そうなると、意識や知性では知ることのできない
真実の世界・生命の世界に入ってゆく。

最初は意識しなければできなかったことが、やり続けているうちに無意識でできるという段階に達します。このことを安岡は自動車の運転を例にあげて説明しています。

「最初のうちは車と運転者とが相扞格して抵抗し合っておるけれども、だんだん練習しておるうちにそういう扞格がなくなって、車と人とが一体になってくる」(『人物を創る』)と。引用文に出てきた「扞格」は耳慣れないけれどもおもしろい言葉です。扞格の「扞」は拒むこと、「格」はとどめることで、扞格とは互いに拒み、とどめあい、相容《あいい》れないということです。車と運転者のあいだには最初、そんな抵抗があるわけです。しかし、この抵抗を乗り越えると意識しないでも運転できるようになります。

事例を芸術やスポーツの分野に置き換えると無意識的な行動の段階に達することがどれほど大切かがわかります。たとえばスポーツ競技で大舞台に立ったとします。そのとき、意識がどんなに舞い上がったとしても、体が技を覚えていてベストな動きをするものです。これが安岡がいう「意識や知性では知ることのできない真実の世界・生命の世界」(同書)です。体が覚えている段階まで徹底しないと本物ではないのです。

時間をかけて習熟すれば、学びの対象は生命に同化する。

いろいろの反対、妨害等を断々平乎《だんだんこ》として排し
実行する知識・見識を胆識《たんしき》と申します。
つまり決断力・実行力を持った
知識あるいは見識が胆識であります。
これがないと、
せっかく良い見識を持っておっても
優柔不断に終わります。

知識がどんなに大量にあっても、それだけでは雑学でしかなく、生きる力にはなりません。では、知識が力になるためには何が必要でしょうか。

それは知識の主である人間の「深さ」です。活きた学問や修養などをして深みができてくると、その人の持つ知識は見識へと昇華します。

見識とはしっかりしたものの見方であり、そのような見方がそなわった知識のことです。見識がそなわると物事を正しく判断でき、ブレることがありません。逆に人間に深みがないと、いくら知識がたくさんあっても、それは雑識《ざっしき》に終わってしまいます。

さらに、どんな反対のなかでも断乎《だんこ》として実行していく知識や見識を胆識といいます。プレッシャーがかかるなかでも涼しい顔を見せて落ち着いて判断し、実行できるのは胆識のたまものです。こんな人は判断を間違えず、やるべきことをやり遂げます。

どんなに反対者が多くても、胆識がそなわった人はめげることがありません。信念を持って推し進め、やがて結果がついてくると、最初は反対していた大多数の人たちも称賛へと転じるものです。

人間を掘り進めて「深み」が出ると、その人の持つ知識は見識へと変わる。

雑食と同じで、雑学をやり、
そして雑駁《ざっぱく》な勉強をすると、
せっかくの人間の知能・頭脳から、
進んで心情まで破壊してしまう。
雑飲雑食・暴飲暴食をやると、胃酸過多になり、
胃潰瘍になるのにつれて言うなれば、
あまり雑学雑書にわたると、脳酸過多になり、
脳潰瘍になるわけです。

ある偉い禅僧を訪ねて新進の仏教学者がやってきました。彼はいろいろな書物を引用しては実証的に仏教論を説きました。禅僧は熱心に聞いていましたが、学者が帰ろうとするとき、さも感服したように「あなたは牛のけつじゃな」といいました。

学者にはこの意味がわかりません。いくら文献をあたっても載っていないのです。とうとう禅僧のところへうかがって言葉の意味を尋ねました。禅僧は呵々大笑《かかたいしょう》して解説します。

「牛は『もう』と鳴き、けつは、しりのことじゃ。つまり、もうのしりで、物知りじゃなといったのじゃ」

と。安岡はこんな笑い話を引いて知識偏重に警告を発しています。

内省したり修養したりすることなしに知識を知識として学ぶ学問を安岡は「自己疎外的学問」と呼びました。一方的に知識を吸収するだけでは知識の暴飲暴食になります。決して生きる力にはなりません。手当たりしだいに飲み食いすると腹をこわすように頭をこわすかもしれません。安岡は脳酸過多、脳潰瘍と揶揄《やゆ》していますが、学問に自分を介在させることが大切なのです。

知識の「暴飲暴食」は頭脳を破壊する。

叩《たた》きこまなければいけない。
一つのことを叩きこんだらすべてのことに通ずる。
一芸は百芸に通ずる。
雑識・博識というのはだめだ。

なぜ雑学や博識ではだめなのでしょうか。

理由は浅いからです。雑学や博識では人間に深く張った根がないのです。あるいは生き方とは別の、知識のための知識だからです。だから百芸に通じるだけの「一芸の深み」が期待できないのです。一芸をものにするとは人間性に根ざした知識を育てることです。言い換えれば活学することであり、人の道の理念に通じることでもあります。

一つの道や学問を「芸」といわれるほどのレベルにまで達するには徹底して極めることしかありません。安岡は「叩きこむ」と表現しています。

「七つの時に四書五経をやり出して五十年、六十四歳の今日（昭和三十六年）に至るまで叩きこまれて、自分で叩きこんできたから、やや体《てい》になっておる」（『知命《ちめい》と立命』）と述懐しています。それらしくなるのに半世紀以上です。時間がかかります。たゆまぬ努力をして研鑽《けんさん》を積みあげなければなりません。

こうして一芸に達すると百芸に通じる境地が開けます。つまり一芸にすぐれた者は、いろんな分野でもすぐれた才覚を放ちます。


「一つの道」の追求が「人生の道」に通じる。

我々の仕事は、案外思いがけない示唆によって
活気を与えられる。
思いがけない人から、思いがけない話を聞いて、
その話が思いがけない
影響、示唆、ヒントを自分に与えて、
それが仕事に非常に生きるものなんであります。

その道の専門家からではなく、まったく違った方面から得た情報が最高のヒントになることがあります。安岡自身が体験したエピソードを紹介しましょう。

◎「足る」という言葉は、なぜ「手」でなく「足」の字を使うのか

中学時代の安岡は国語の教師に「『たる』という言葉は、なぜ『手る』ではなく、『足る』と書くのですか」と質問したことがありました。しかし、答えは得られず、その後も疑問を持ち続けていたところ、ある医師との会話から「足を丈夫にすることが健康の必須条件であるゆえに『足る』なのだ」と自得でき、長年の疑問が氷解したそうです。

◎説教するとき、なぜ「眉毛《びもう》を吝《おし》まず」というのか

ふと目にした漢方の医学書に、心臓、舌、眉などは同じ心系にあり、「あまり舌を使うと心臓を傷める。心臓を傷めると、眉の毛が抜ける」とありました。そこから眉の毛が抜けるのも惜しまずに舌を使うことが説教なのだと思いついたそうです（ちなみに『臨済録《りんざいろく》』示衆《じしゅう》、『碧巌録《へきがんろく》』第八則に眉毛に関する記述がある）。さて、物事の因果関係は専門分野を超えて広がっています。専門を深めるためには専門外にも裾野を広げていくことです。

いいヒントは、つねに〝意外な方向〟から現れる。

人の創造力の弱いときは、
したがって環境を重く見なければならない。
環境が悪化してくれば、
人を重く見なければならない。

環境が人をつくるのでしょうか、それとも人が環境をつくるのでしょうか。どちらを重く見るべきでしょうか。まず、環境が人をつくるというのは「孟母三遷《もうぼさんせん》の教え」からもよくわかります。

大儒となる孟子であっても幼少期は環境に感化されやすいことから、母がよい環境で育てようと引っ越しを繰り返したという故事です。最初は墓の近くにあった家から市場の近所に移りました。しかし、物売りの真似をして教育によくないので、次は学塾のそばに引っ越したところ、礼儀作法の真似を始めたので、ここは教育によいと住むことにしました。このように、よい環境が孟子をつくったといえます。

ところで、この教訓を孟母の側から見るとどうでしょうか。孟子のために母が最適な環境をつくったのですから、「人が環境をつくった」ことになります。

まとめると、人が未熟なときは環境に影響されやすいことから、どんな環境で育てるかを重視します。逆に人は成熟すると環境を改善する力がつきます。人が持つ問題解決力を重視して、悪い環境があれば、この環境にてこ入れしなければなりません。

環境なくして人はなく、人なくして環境もありえない。

第七章

運命を変える

人間は学問修養をしないと、
宿命的存在、つまり
動物的、機械的存在になってしまう。
よく学問修養をすると、
自分で自分の運命を作ってゆくことができる。
いわゆる知命、立命することができる。

「命《めい》」というのは宇宙の絶対的な働きをいいます。

宇宙は限りない変化と創造の渦をなして停滞することがありません。人間の人生もひとつの「命」であり、動き、運ばれるところから「運命」といいます。

このダイナミックに動いている運命を「宿命だ」と通俗的に受け止めてしまうと、人生はあたかも定められた路線を進んでいるかのように見えます。そのあげく、「結局、なるようにしかならない」と諦めてしまいかねません。

そうではなく、人はみずから未来を創りだすことができます。そのためには学問をして命を知ることです。これを「知命」といいます。

知命には、①限りない変化と創造が行われている「宇宙の命」を知ることと、②生まれながらにどんな素質や能力がそなわっているかという「みずからの命」を知ることの二面があります。命を知ったうえで、どのように自分の未来を切り拓いていくかという「立命」の人生を生きることです。安岡がいうように、学問修養することが知命から立命へと開かせるのです。

「命」を知り、「命」を立てることで運命は変わる。

宿命観に陥っては造化から離れてしまう。
いやしくも造化に参加する者は、
自分で自分の運命を創造していかなければならん。
その考えに立つことを立命というわけです。

宿命から立命へと劇的に転換した人物に明代《みん》の人袁了凡《えんりょうぼん》（一五〇〇年代後半）がいます。彼は息子のために『陰騭録《いんしつろく》』を書き、父の教えを残しました。

あるとき、風格のある老人から少年期の了凡は人生全般を占ってもらいます。これが百発百中で、進士《しんし》になるための試験の合格順位までピタリと当たっていたのです。あまりに当たるので、了凡は人生は宿命によって定まっているのだと達観してしまいます。

青年となった了凡は禅寺に雲谷《うんこく》禅師を訪ねていきます。禅師は悟ったような落ち着きを見せている了凡に感心しますが、それが宿命観からきた諦念によるものだと知ると、「これでは宿命に縛られている凡人じゃ」と一喝します。

そして、みずから運命を築ける「立命」の妙法を授けました。これが功過格《こうかかく》です。「功＝よいこと、過＝あやまち」を毎日チェックし、よいことを積み重ねると運命は好転し、宿命に縛られることがない幸せな人生を創造できるというものです。

実際に行ったところ、了凡の人生は占いの結果から逸《そ》れ始め、好転していきました。こうして了凡は立命、つまり自分で自分の運命を創造することができたのです。

自分の未来を創造できる人、できない人の考え方を知る。

「窮すれば通ず」の理で、
精神さえしっかりすれば、
必ず運命は開けるのです。

「明けない夜はない」というのが宇宙の法則である。

「窮すれば通ず」とは、事態が行きづまったときに、かえって活路は見いだされるものだということです。出典は『易経』で、「窮まれば則ち変じ、変ずれば則ち通ず」（繋辞下伝《けいじかでん》）が元の文です。意味は、どんづまりの状態にまで進むと、そこで情勢の変化が起こり、変化することで新しい展開へと通じるものだということでしょう。安岡が「『窮すれば通ず』の理で、精神さえしっかりすれば、必ず運命は開けるのです」（『運命を創る』）と語っているポイントは、「理」の一字にあります。理とは道理や法則のことです。安岡の言葉を解釈すると、「『窮すれば通ず』というのは、一回かぎりの出来事ではなく、繰り返し起こる法則＝理なのだ。この法則性を知って立命の精神で立ち向かえば、どんな困難な事態も必ず解決に向かう」ということでしょう。「理」を悟って「窮すれば通ず」の大局観をつかむことです。

このことを日常ではよく「明けない夜はない」といいます。事態の行きづまりを夜に喩えて、夜が最も深まって極限に達したところで日の出という変化が生じ、陽光が射して活路が見いだされるということです。ところで夜と昼は周期的に繰り返される法則です。「明けない夜はない」とは、この法則性を前提にした勇気を与える言葉です。

無心であればそこに神の慧智《けいち》が発し、
ものの道理、因果の関係、
命数《めいすう》というものが明らかに観ぜられ、
自分が自分の運命の主《あるじ》になって
それを使いこなしていけるのである。

悟った人と凡人との違いは、どこにあるのでしょうか。たとえば悟った人だから地球の重力に影響されずに宙に浮かべるかというと、そんなことはありません。高いところから飛び出せば落下して大怪我をします。このような厳然とした道理や法則を「命《めい》」と呼びます。悟った人も凡人も、ともに命による影響は同じです。

ところが悟った人は宇宙の命を知り、みずからの命を知って、そのうえで「自分が自分の運命の主になってそれを使いこなしていける」（『活眼　活学』）と安岡は教えます。これを禅家では「随処《ずいしょ》に主《しゅ》と作《な》る」（『臨済録』）といっています。いつ、どこにあっても、自分の人生の主人は自分だということです。自分が主人ですから、何ものにも縛られていません。

これに対して凡人は運命のままに突き進み、欲望に翻弄されて自分を見失いがちです。これでは運命はどうにもできない「宿命」でしかありません。

そうではなく、自分が自分の人生の主人となる——この自覚が悟った人と凡人の違いでしょう。悟った人は命を知り、命を立てることで宿命や欲望から解き放たれます。このとき、欲望にも感情にも振り回されない真の自由が得られるのです。

自分が自分の「人生の主」になって運命を使いこなす。

運命ほど創造的なものはないのであるから、
ある運命がいかなるものであるかは測り知れない。
自然科学者は物の運命を研究しているのである。
しかしそれすらなかなか分らない。（中略）
すべて発明とか発見とかは
物の運命の新たな開拓に他ならない。
物すら然り、人間の運命に至っては
到底凡人の独断し得るところではない。

水を冷やすと氷になり、熱すると蒸気になるというのは水の理です。このような因果関係を研究していくのが自然科学です。

しかし、人間に知られるようになったものの因果関係は一部でしかありません。因果関係は無数にからまっていて複雑だからです。

この分野に分け入って新たな因果関係を見つけようとすることが発見であり、発明の営みです。これは安岡の右の言葉のとおり、ものの運命の新たな開拓といえます。

ましてや人間ともなると、その因果関係はいっそう複雑なものです。「うまくいかなかった」と嘆いて、すぐ「ツイてない」とガッカリするのは早計にすぎます。因果関係の妙で、何がどう功を奏するかは知れたものではないのです。

簡単に「自分の運命はこうだ」と断定することはできません。運命ははるかに創造的なものです。たとえば受験や就職で第一志望を諦めて別の道に進み、かえって大成したという人は数知れません。安っぽい宿命観で自分を決めつけたり、限定したり、諦めたりするのは運命への侮辱といえるでしょう。

「答えは最後までわからないもの」と考える。

人間の顔は、自分の生理・心理のすべての報告書なのであります。

したがって、人相とは怖いもので、いくら表面の体裁をつくろっても、本当のことがすべて出ているわけです。

凡眼を欺くことはできるが、達人の心眼を欺くことはできません。

占術には四柱推命《しちゅうすいめい》や西洋占星術などの「命」の占術、易占やタロットなどのような「卜《ぼく》」の占術とともに人相や手相のような「相《そう》」の占術があります。命は人生全般を占います。卜は岐路での指針を与えます。相は現況を読み解きます。このように、命、卜、相のそれぞれに占う原理は違います。ここでは「相」をとりあげましょう。

相というのは安岡がいうように「自分の生理・心理のすべての報告書」です。いまの自分の状態が外面に表れたものが「相」で、これを読み取るのが「相」の占術です。人は疲れていると疲労感が顔に表れるし、うれしいときは喜びの表情になっています。このようなことは人相学のような占術でなくても、誰の目にも一瞬にわかります。

もっと複雑な生理・心理になると凡眼ではわからないかもしれませんが、それなりの具眼の人物には見えています。つまり相にはきっちり報告されているのです。

では、相は変わらないものでしょうか。いえ、変わります。また、変えることができます。たとえば貧相の人も福相になれます。それは福相になるような生き方をしたためです。生き方が変われば、その報告書である「相」はおのずと変わっていくのです。

人相と手相は生き方を変えることで変えられる。

後姿の淋しいというのは、
その人の一つの運命を明らかに示しておる。
孟子に「面に見《あら》われ背に盎《あふ》る」という
名高い語がありますが、
人間はやはり背にエネルギーというか、
力が盎れておらなければいけません。

「面に見われ背に盎る」という孟子の言葉を安岡は右の文中に引用していますが、『孟子』に当たって、その前後の文章を含めて見ておきましょう。

「君子の本性は、仁・義・礼・智の四徳であり、これらは心に深く根ざしたものである。そして、これらが外に生じると、つややかに面に表われ、背にあふれ、四体におよんで、物を言わなくても人はわかるものだ」（尽心章句上）

面に表れたものが顔相です。また、背に表れたものが背相です。君子の仁・義・礼・智の四徳は顔相にも背相にも表れ、手足におよんで、黙っていてもその徳は人々にわかるということです。

孟子があえて背相をあげているのは、背は飾ることができず、人をごまかせないものだからでしょう。

背は無防備です。それだけに、背に徳が表れたり、エネルギーがあふれたりしている人は、人間ができているということです。そうした理由から、人を見るときは前よりも後ろから見るのがよいと安岡は教えています。

「後姿」は誰にもごまかすことはできない。

立つということは、
自分の精神・生活の場を一定することで、
人間、どんな性格・どんな境遇のもとでも、
先《ま》ず年の三十にもなれば、なにかにならなければ、
或《あるい》はなにかをしなければ、納まらなくなる。

よく知られている孔子の言葉に「吾《わ》れ十有五にして学に志し、三十にして立つ。四十にして惑わず、五十にして天命を知る。六十にして耳順《みみしたが》い、七十にして心の欲するところに従って、矩《のり》を踰《こ》えず」（『論語』為政《いせい》第二）という自叙伝的な一章があります。孔子は三十歳以降を十年刻みにしていますが、安岡の場合は次のようなライフステージを描いています。

◎初年期……三十歳くらいまで
◎中年期……三十歳以降から五十歳くらいまで
◎晩期……五十歳以降

三十歳にして「立つ（而立《じりつ》）」という孔子のライフステージは、安岡の区分では初年期の終わりで、中年期の始まりにあたります。

この節目に人は世の中における自分の立場を確立しないではおられないということです。また、内面的にも、自分は何者であり、どういう貢献ができるのか。そういったことが自覚的に確立していく時期です。

初年期と中年期の節目に自分の立場を確立する。

五十になると「命を知る」。
命というのは絶対的作用である。
まあどんなのんきな者でも、理屈の多い者でも、
職業人となり、家庭人となり、
五十の声がかかれば、
自《おの》ずから結論らしいものを持つようになる。

五十歳というのは中年期の終わりであり、晩期の始まりにあたります。つまり三十歳のときと同様に人生の節目だといえます。この節目でのポイントが「命を知る（知命）」ということです。

◎天地自然の理法を悟る（宇宙の命を知る）

宇宙の絶対的な作用である「命」の働きがそれとなくわかってくるようになります。命は人間の力を超えたもので、いわば天地自然の理法です。こういったことがわかるのが五十歳あたりなのです。

◎「自分なりの結論」を持つ（自分の命を知る）

五十歳に達すると、これまでの自分の人生から「自分なりの結論」を持つようになります。これは、ある種の諦念を持って人生を受け止めるということでもあります。

こうした諦念とともに、何十歳になろうとも「向上し続けることは人間の責務だ」と前進する人と、しない人に分かれます。人の成長にゴールはありません。向上心を持って自分を磨きこむ人は、いつまでも精神の若さを保ち続けることができます。

中年期と晩期の節目に人生の目途がつく。

86

なぜ幕末の志士は若くして大成したのか

幕末、明治の人物はみな若くてよく出来ている。
二十代で堂々たる国士だ。
吉田松陰、橋本左内、高杉晋作《たかすぎしんさく》、久坂玄瑞《くさかげんずい》、
こういう人々は枚挙にいとまがないが、
みな二十歳前後で堂々たるものです。
どうしてあんなに若いのに
大した人が多いのだろうと思っていたが、
人間学というものを本当に研究してみると、
あれは決して奇跡ではない。

安岡のライフステージ論では、人は三十歳あたりで而立し、五十歳あたりで命を知る、という節目を迎えるとされます。再確認しておきましょう。

◎三十歳……世において自分がどういう立場であるかを確立する（而立）

◎五十歳……宇宙の命を知り、自分なりの結論を持つ（知命）

ところが安岡はこのライフステージ論を頭から覆すようなことを右の言葉に記しています。つまり三十歳や五十歳で迎えるはずの節目を幕末の志士たちは二十代で堂々とクリアしているというのです。

では、どうして彼らは若くして大成したのでしょうか。答えは若年のうちに知命と立命の教養を積んだからです。次のように安岡は述べます。「知命、立命の教養を積めば、その人なりに大成する。それから先はいろいろの経験が加わって洗練陶冶《とうや》され、いわゆる磨きがかかるだけで、人そのものは十七、十八歳でちゃんと出来る」（『知命と立命』）と。人は誰でも「命」を学びさえすれば、若くてもその人なりに而立し、大成することができます。このとき、ライフステージ論はある意味で飛び越えられたのです。

知命と立命を学べば、その人なりに大成する。

名というものは大切なものである。
複雑な内容を統合して、
全体的に表現するものであり、直観に訴える。
キャッチフレーズやスローガンが
喜ばれるのも同様の理による。
故に名は軽々しく付けるべきものではない。

初めて生まれた男の子だから「太郎」、次男なら「次郎」というような名づけは、その子どもでなくても、どんな子どもにも適用できるものです。そんな名前のつけ方を「付名《ふめい》」といいます。これに対して「命名《めいめい》」は、この子にはこう生きてほしいという思いがこもった名づけ方で、名前には意味がなくてはならないと安岡はいいます。なぜなら名前は本体に影響をおよぼしていくからです。

たとえば組織のある部署を「人事部」と名づけるのと「人間部」と名づけるのとでは部署のあり方や仕事のしかたはおのずから変わってきます。実際に「人間部」と名づけた組織のトップは「大事な人を預かっているのに、人事部では人ごとになってしまいます。そこで人間部としました。この名称なら、人事異動ひとつとっても、人ごとですますことはできません」と語っていました。

いったん命名されると、名前はその名づけられたもののイメージをつくりあげ、名づけられたものに影響をおよぼし、方向づけていきます。命名とは名前にこめられた意味を体現させていく種蒔《たねま》きであり、創作活動でもあるのです。

ネーミングは「どう生きてほしいか」をこめたものにする。

運命は誰に依《よ》ることもなければ、
何故《なぜ》と疑うこともない。
俺は誰の為《ため》にこんなに貧窮な家に
生れたのであろうとか、
俺は何故こんな愚かに生れついたろうとか、
考えるぐらいナンセンスはない。それこそ妄想である。
富貴《ふうき》に素《そ》しては富貴を行い、
貧賤《ひんせん》に素しては貧賤を行えば善いのである。

誰もが一度は思うことですが、

「どうしてお金持ちに生まれなかったのだろう」

「どうしてすぐれた才能を持って生まれなかったのだろう」

と生まれついた運の悪さを恨むことがあります。しかし、こういう問いを発することはナンセンスであり、どんな境遇や状況にあろうとも次のように処するのがよいと安岡は教えます。それが、

「富貴に素しては富貴を行い、貧賤に素しては貧賤を行う」（『中庸《ちゅうよう》』第十四章）

ということです。この言葉は富んで身分の高い境遇にあるときは、そのような者としてなすべきことをなすということです。あり余るお金で私欲を満たそうとするのは、ほめられた生き方ではありません。富める者の責任を放棄しています。

また、貧しくてもその境遇にふさわしく振る舞うことです。見栄《みえ》を張ることもなく、肩身を狭くする必要もありません。どんな境遇にあっても自分に与えられた境遇として受け止め、その立場でただなすべきことをなすことが尊く、品位を保たせるのです。


どんな境遇にあっても、いまなすべきことをなせばよい。

「易に通ずる者は占わず」という言葉さえありまして、占う必要がないという見識になって初めて易学をやったといえるのであります。これは易学をやる者の忘れてはならないひとつの根本問題です。

運命は定められた宿命ではなく、みずから切り拓くことができます。これを立命と呼ぶことは、すでにふれたとおりです。この立命こそ易学から学んでほしいことなのです。

そもそも「易」には三つの意味があると安岡はいいます。

①変化の原理……易《か》わる、変化する

②不変の原理……易わらない、不変である

③造的進化の原理……意識的、自主的、積極的に人間が変化していく

易学を学んだ者は、こうした原理を知ることで、人間とは自主的に運命を創っていく存在であることを理解できます。そして運命を予定的、他律的なものとして扱う占いには手を染めることはありません。というのも、占いは宿命観のうえに成り立っているからです。

ところが易学を学んでいるにもかかわらず占うことに興味を持ち、当たったかどうかばかりに走っている人がいます。また、占いに依存している人がいます。

これは邪道です。易に通じるとは天の理に通じることです。安岡がいうように「易に通ずる者は占わず」というのが易学を学んだ者の見識でなければなりません。

運命はみずから創るものであり、看《み》てもらうものではない。

第八章

人を動かす、世の中を動かす

あくまでも正々堂々と大義により、
名分《めいぶん》を忽《ゆるがせ》にしてはならぬ。
人間を動かすものは利害であるなどと
考えている間は
天下を論ずるに足らぬ。
それは「真の利害」すら分らぬのである。
人間を動かす最も厳粛博大《はくだい》なるものは
やはり大義名分である。

人間とは利己心（利）と道義心（義）とが拮抗《きっこう》した存在です。誰の心にもこの二つの心はあり、どちらの心が勝るかによってその人の行動は一変します。さて、性悪説を説いたことで知られる儒家の荀子《じゅんし》（前四世紀末～前三世紀後半）は、こんな分析をしています。

聖王と崇められている堯や舜といった明君でも民衆の利己心を捨て去らせることはできなかった。けれども利己心よりも道義心が勝るような政治をしたのでよく治まった世になった。これとは反対に残虐な桀《けつ》や紂《ちゅう》といった暴君であっても民衆の道義心を捨て去らせることはできなかった。しかし、民衆の利己心が勝るような政治をしたので乱れた世を招いた。

ここから次のようにいうことができる。「リーダーが義を重んずれば、利よりも義が勝《まさ》った社会になる。また、リーダーが利を重んずれば、義よりも利が勝った社会となる」（『荀子』大略《たいりゃく》篇）と。

もしリーダーが「人間を動かすものは利害である」と考えているなら、世は乱れて当然です。現実はそうなっているのではないでしょうか。人々の道義心を動かすのは大義です。しかし、大義を語るには、リーダーみずからがお金などの利に清くあらねばなりません。

人を心から動かすものは「大義」である。

出来るだけ優秀な人物を漏れなく認識すること、
即ち賢者を知ることであります。これが第一原則。
それから知った賢者を、知っただけでは
何にもならぬので、これを挙げて用いる、これが第二。
それから第三は、用いてはこれに任せること。（中略）
実際任用ということは
そういう優れた人物を挙げてこれを用い、
用いて任せるということなのであります。

任用というのは、①優れた人物を用いること、②その人物に任せることという二つのことからなっています。

①優れた人物を用いる

何よりも広く人物を知っていることが前提です。知らなければ人材はいないのと同じことだからです。発掘する努力が求められます。

次に、人物を用いるには適材適所がポイントとなります。そのポストにはどんな人材がふさわしいのか。固有名詞で誰を用いるのかという具体論が求められます。

②その人物に任せる

任せるとは責任と権限を与え、当人の自由にやらせることです。もし、①をしっかりやっておかないと任せることはできません。また、目的や目標を共有しておかないと任せることはできません。

安岡は多くの場合、「任用」ではなく「使用」になっていると注意しています。任せるという腹で人物を選び、その人物との信頼関係を築くことです。

「任用」ではなく「使用」になっていないかを疑ってみる。

人に嫌われぬための五箇条

一、初対面に無心で接すること。（中略）

二、批評癖を直し、悪口屋にならぬこと。

三、努めて、人の美点・良所を見ること。

四、世の中に隠れて案外善いことが行われているのに平生注意すること。（中略）

五、好悪《こうお》を問わず、人に誠《まこと》を尽くすこと。

人とうまくいかないのは、好かれないような癖や嫌われる癖があるからです。その癖をはっきり自覚し、これを直せば人から好かれるようになります。好かれるには好かれる理由があるのです。

次の五つは安岡の「人に嫌われぬための五箇条」を参考にわかりやすくしたものです。

①偏見を持って人と接する癖をやめる。おごり昂《たか》ぶって人と接する癖をやめる。つまり、色眼鏡をかけないで相手に接することです

②批評する癖をやめる。悪口をいう癖をやめる。つまり相手を評価する前に、まず相手を受け入れることです

③人の美しくないところを見る癖をやめる。悪いところに目が行ってしまう癖をやめる。相手の美点と良所を探し、そこを見るようにします

④世の中の悪いところばかりを見て、心が暗くなる癖をやめる。よいことを見て自分が明るくなるようにする。とくに陰徳に目を向けるようにします

⑤人を利用する癖をやめる。私欲を持って接する癖をやめる。誠意を尽くすことです

「人に嫌われぬための五箇条」が教える〝五つの癖〟を知る。

あの人は真面目な人で、
他人をだまさないから信用ができる、
というふうに世間から信用されると
財はいくらでも流通しますから、
金《かね》が不足だということはありません。
金が足らないということは信が足りないからです。

三十三歳で伝統的な林家《りんけ》の塾長となり、やがて幕府の儒官となった佐藤一斎《さとういっさい》（一七七二～一八五九）。その随想集である『言志《げんし》四録《しろく》』に「人に信用を得れば、財貨に不足することはない」（言志後録《こうろく》二二四）という一条があります。これを解説したのが右の言葉です。実際、お金と信用というのは深い関係があります。両者のあいだには、どうも二つの法則性があるようです。このツボを押さえておくと、一生お金に困らない生き方ができます。

①信用が高まれば高まるほど、お金もふえるという正比例の関係にあること

②つねにお金よりも信用を先行させること。まず信用が高まって、それにつれてお金もふえていくという関係にあること

これらの法則性は、ある経営者のこんな言葉からも納得がいきます。「カネがほしければ信用を先にとることの方がほんとうだと思う。それを近道してカネだけ先にとろうとするものだから、信用がガタ落ちとなり、信用が落ちればカネも落とされてしまうことになる」（本田《ほんだ》宗一郎《そういちろう》『俺の考え』）と。つまり信用が目的で、お金はその結果であり、つねに「義」を「利」に先行させることです。

信用さえ高めれば、お金はおのずとついてくる。

「挨」という字も「拶」という字も、
なかなか難しい字です。
この挨とか拶とかの意味は、
もともと〝物がぶつかる、すれあう〟という文字で、
物事がぴったりすることを「挨拶」と言います。
相手の思っていることに、
ぴたりと的中するような言葉が出なければならない。

挨拶というのは禅の用語で「一挨一拶《いちあいいっさつ》」ともいいます。この言葉は禅僧が日々の挨拶から相手の成長度合いを知るものであり、修行における大切な意味があります。細かく分けると、次の四つからなるそうです。

①相手に自身の見解を表明すること
②相手の心事、見解をさぐること
③相手の応答を促すこと
④相手の心事、見解を検査すること（佐藤法龍《さとうほうりゅう》『禅語小辞典』）

このように禅僧は言語や動作での挨拶によって、その人物の修養のほどを見て取っているのです。

いわば真剣勝負であり、挨拶の瞬間に人物の位や器のほどが透けて見えます。

安岡は「よほど人間ができ、教養ができてこないと、よい挨拶よい辞令というものは出てこないものです」（『運命を開く』）といいます。つまり見事な挨拶とはたゆまぬ修養のたまものなのです。

あるところに嫁いびりで隣り近所に聞こえた老婆がおった。さすがに老婆もそれが苦になると見えて、一日禅師を訪ねて、どうすれば平和に暮せるか教えて欲しいという。その時禅師がこれを朝晩誦《じゅ》しなさいと言って与えたのが、

おんにこにこ　はらたつまいぞ　そはか

という咒文《じゅもん》であった。

以来嫁いびりもすっかり止《や》んで、本当に好《よ》い姑《しゅうとめ》になったということであります。

怒りにはたいへんな害があるそうで、安岡はこんな実験の結果を紹介しています。

人が吐き出した息を冷却して液体にし、その色を見ると、どんな感情を抱いていたかがわかる。なかでも怒りは栗色《くりいろ》の液体となり、これをねずみに注射すると数分で死んでしまうというのです。

それほど怒りというのは強い毒性があります。安岡の右の言葉に出てくる嫁いびりの老婆は怒りの予防のために「おんにこにこ　はらたつまいぞ　そはか」という呪文を唱えていたそうですが、これは明治時代の禅僧西有穆山《にしありぼくさん》（一八二一〜一九一〇）が与えたものです。西有禅僧にはこんなエピソードがあります。

赤痢にかかって重体になっていたとき、弟子が見舞ったところ、「赤痢さまさまじゃ」と虫の息でつぶやいていました。「どういうことですか」と尋ねる弟子に、「赤痢のおかげで生まれて初めてこんな美人に世話された」と病床に二、三人いる看護師のことをありがたがっているのです。重体でありながらも、これだけの冗談をいって笑わせるのですから、怒りも吹っ飛ぶというものでしょう。

自分には一切捕《とら》われずに脱《ぬ》けきっており、
人に対してはいつもなごやかに好意を持ち、
何か事があれば活気に充《み》ち、
事がなければ水のように澄んでおり、
得意の時はあっさりして、
失意の時はゆったりしておる。

王陽明と同時代人である明の崔後渠《さいこうきょ》（一四七八〜一五四一、名を「銑《せん》」という）がつくった言葉に「六然《りくぜん》」があります。安岡はこの言葉に出会って以来、六然の境地にみずからを置きたいものだと平生から心がけたといいます。原文を掲げておきましょう。

自処超然《じしょちょうぜん》……自ら処すること超然
処人藹然《しょじんあいぜん》……人に処すること藹然
有事斬然《ゆうじざんぜん》……有事のときには斬然
無事澄然《ぶじちょうぜん》……無事のときには澄然
得意澹然《とくいたんぜん》……得意のときには澹然
失意泰然《しついたいぜん》……失意のときには泰然

右の安岡の言葉は「六然」の現代語訳です。心に沁《し》みる、何度も口にしたい見事な翻訳です。この六つの境地にいたると真の自由人といえます。心は何かにとらわれやすいものですが、そんなとらわれから抜け切って澄んだ心は何ものにも縛られていないからです。まさに六然は修養における指針となり、目指すべき境地としてふさわしいものです。

本当の日本人ならば
本当のイギリス人と必ず共鳴する。
本当のアメリカ人が本当の日本人を見たら、
本当に共鳴するのです。
日本人だか、シナ人だか、タイ人だか、
何だかわけがわからぬ
国籍不明の日本人などを外国人が見たら
実に不愉快に感じる。

「立派な日本人だ」とほめる代わりに「立派な人間だ」ということがあります。同様に立派なイギリス人や立派なアメリカ人に対しても「彼は立派な人間だ」と賛辞を贈ることがあります。

日本人、イギリス人、アメリカ人にかかわらず、立派であれば「立派な人間」というところで通じあい、お互いに共鳴することができるのです。

では、どうすれば立派な日本人になれるのでしょうか。それは日本文化における理想的な人間像を体現することです。つまり日本文化という特殊性を極めたところにほかの文化に通じるという普遍性があります。

右の安岡の言葉にある「日本人だか、シナ人だか、タイ人だか、何だかわけがわからぬ国籍不明の日本人」というのでは日本文化という特殊性にいたりません。このように曖昧で中途半端であっては他者に通じる度合いが低くなるのです。

そもそも私たちは特殊な存在、個性あるものとして生まれます。この特殊性をとことん肯定的に生き抜くところに人間としての普遍性があるのです。

まず日本で通用する人にならなければ、世界で通用するはずがない。

生活上の問題に一喜一憂しやすく、
特にすぐ悲観したり、
興奮しやすいというのは病的で、
事を成すに足りない。
こういう人は環境に支配される力が
強いのであるから、
自己の主体性がないのである。

「いやあ、経営環境が悪くて今期も赤字になりました」

こんな経営者の言い訳に株主たちは納得しません。トップの主体性を発揮できないまま経営環境に踊らされていては経営者として失格です。どんな環境下でも適正な利潤を確保してこそ任せるに足る経営者だと認められます。

企業にとって環境は二つあります。外部環境と内部環境です。経営者には、ヒト、モノ、カネ、経営システムなどといった内部環境を変える権限が与えられています。外部環境の変化をチャンスにするために、内部環境をどう変えて適応すればいいかを考え、そのうえで社内の変革に着手することが経営者の役割です。

このように環境を主体的に受け止めていく姿勢が現状を進展させます。決して環境に振り回されないことです。ところが、これとは反対に環境に支配されやすい人間がいます。日々起こる出来事や自分の感情に振り回される人です。「こういう人は環境に支配される力が強いのであるから、自己の主体性がないのである」（『人生の大則』）と安岡は指摘しています。主体性の欠如はみずからの自由や創造性を放棄することと同じです。

外部環境の悪化は内部環境を変えることで乗り越えられる。

自らが修めると同時に、
その体験をもって同志の理解者となる。
これを知己《ちき》という。
己を知る者は、まず己でなければならない。
これは当たり前だが、
同時に「人の己」を知ってやる。
本当の理解者になってやるということは、
これは当然のことであって、実に尊いことだ。

司馬遷《しばせん》の『史記《しき》』（刺客列伝《しかくれつでん》）に晋《しん》の予譲《よじょう》（前五世紀ごろ）という人物が登場します。晋では六卿《りくけい》（六大臣）による政治が行われており、予譲は六卿の范《はん》氏、次に中行《ちゅうこう》氏に仕官したものの、採用されません。ようやく三番目の智伯《ちはく》に仕えて国士《こくし》として厚遇されます。ところが主君の智伯はライバルの趙 襄子《ちょうじょうし》によって討たれます。このとき、予譲はかろうじて山奥に逃亡しました。そして敵《かたき》である趙襄子を討つ決意を固め、

「士は己を知る者の為に死す」

と誓いを立てます。予譲は「智伯は自分を知って採用してくれた。その恩に報いるには趙襄子を討って仇《あだ》を返すことだ。そのあとに死んで智伯に報告すれば、わが魂に恥じることはない」と考えたのでしょう。

決死の行動を起こさせるほどに自分の心を知って認めてくれた人を「知己」と呼びます。安岡は「その知己の難きところに、知己たる人の、人の知己たる尊さがある」（『知命と立命』）といいます。自分を知ってくれる人は得がたいものです。それゆえに「知己」の存在は尊く、士である予譲は知己たる智伯のために死をかけたのです。

自分を理解することで、他人も深く理解できる。

石を見ているときは、
最もエターナルな静かな
くつろぎ、ゆとり、楽しみを
我々は発見することができる。
したがって石が楽しみになるということは、
永遠の宇宙の大道、根本道を楽しむことが
できるようになっているということです。

「私は石が好きである」（『童心残筆《どうしんざんぴつ》』）

と安岡は明快に述べています。

科学は事物をどんどん細分化していくことで膨大な知識を生み出しました。しかし、枝葉末節へと分かれていくことで幹や根がわかりにくくなっています。

そこで原初ともいえる、分ける前の最も根幹のところに立ち返りたくなるわけですが、この根本の象徴が「石」なのです。石を楽しむとはエターナル（不滅）なくつろぎのなかに永遠の宇宙の大道、根本道を楽しむということにほかなりません。

まだ石の楽しみがわかる前の安岡の逸話があります。老荘学者であった叔父は石が好きで、学生の安岡に、よく次のように語っていました。

「石というものは非常に面白い。この石が分かるようになったら、初めて共に学問道徳を談ずるに足る」（『人物を創る』）

と。拾ってきた石をさすりながら語っている叔父の姿が安岡の記憶に刻印されました。その姿は「私は石が好きである」といいきる後年の安岡の姿と重なるところがあります。

石を眺めてみると、物事の根本と通じることができる。

宇宙も人間も社会もみな大いなる調和、つまり大和《だいわ》から成り立っている。人間がこの恒常性、大和性を失えば身体的には疾病であり、死であり、社会的には争乱となる。

この宇宙も、社会も、人間も、ありとあらゆる実在は陰陽の二大原理によって成立し、活動していると東洋思想は考えます。

◎陽の原理……あらゆる実在は分化し、発展するという原理。これは西欧的な考え方であり、主知主義（知性や理性を重視する立場）といえる

◎陰の原理……あらゆる実在は統一調和し、全体性や永遠性を本領とするという原理。これは大和的な考え方といえる

近代文化は前者の「陽の原理」に傾斜して外へ外へとひた走ってきました。その結果、物質的な豊かさがもたらされましたが、利己主義的になっています。これを大和の考え方（陰の原理）で正すべきだと安岡は警鐘を鳴らします。大和とは「大いなる調和」で、あらゆる存在は調和することで正常性が維持されるという考え方です。

たとえば、人間の体でも、増長する細胞を抑え、萎縮する細胞を保護し、全体を統一し、調和させようとする大和的な働きが内分泌腺です。この働きが衰えると病が生じます。同じように、病んでいる社会において、いま求められているのが大和性なのです。

「陰の原理」と「陽の原理」のバランスに留意する。

第三部

古典に学ぶ

第九章

本の読み方

後ろを向いて前を見ておる。
過去を通して未来を考えておる。

古典とは長い歴史のなかで淘汰《とうた》されることなく読み継がれてきた知的遺産です。現代の私たちにとって孔子の言葉などが収録された『論語』を読むことは、古典を学ぶうえにおいての基本中の基本といえます。さて、ここでは孔子の立場で考えてみましょう。

孔子は前五五二年ごろに魯《ろ》の国で生まれました。魯の建国は前一〇五五年で、周の武王の弟周公旦《しゅうこうたん》を始祖とします。孔子が人間的にも政治的にも理想としたのが、この周公です。憧れて夢に見るほどでした。ですが、孔子は晩年にこう語ります。「なんと甚だしいことだ、私の衰えは。もう久しいことだ、私が夢に周公を見なくなってから」（『論語』述而第七）と。この一文は孔子が夢見た理想と、ある種の挫折感を物語っています。

孔子を祖とする儒家にとって、周公による建国の理想は過去に実現したものでした。この検証ずみの理想を学ぶことは古典を学ぶことであり、「後ろを向く」ことでした。そして、この理想をいまの世で実現しようと志すことが「前を見る」ことです。安岡の「後ろを向いて前を見ておる。過去を通して未来を考えておる」とは、この意味です。儒家にとって古典を読むとは聖人や賢者の理想に共鳴して大いなる志を抱くことだったのです。

過去を通して「聖賢の理想」を学び、未来を描いていく。

つまらない書物を読んだって
読書とはいいません。
古聖先賢の書物を読むことを
読書というのであります。

若いころの孔子が夢にまで見た周公旦。周公が実現した理想の政治に思いを馳せることは、たんなる懐古趣味ではありません。その逆で、「前を見る」ことであり、「未来を考える」ことでした。――古《いにしえ》の聖人や賢者の書物を読むことは天下国家をどう治めるかを考えることにほかならず、学に志すことだったのです。

このように読書するということは古今の政治を深く考えることと結びついていました。中国ではかつて文字が読める人は少数であり、読み書きできる階級を「読書人階級」と呼びました。この階級はまた、政治をつかさどった士大夫《したいふ》階級と重なるものでした。

わが国でも江戸時代においては『論語』や『孟子』などの四書や五経を読むことが学問であり、「学問＝読書」でした。もちろん当時においても仮名草子《かなぞうし》や草双紙《くさぞうし》といった通俗的な本はありました。しかし、こうした本を読むのは学問ではなく、読書とはいえませんでした。安岡の「古聖先賢の書物を読むことを読書というのであります」（『人物・学問』）とは、このような伝統を引く言葉です。この伝統は現在の「人間学」へと流れ、中国やわが国の古典を学んでみずからの生き方を見つめようという動きになっています。

人間学を志す人にとっては、古典を読むことが欠かせない。

およそ煩わしく
面白からぬことの多い人世《じんせい》において、
夜の一時《ひととき》を独り静かに偉人の伝記や
好きな書を読み耽《ふけ》るほど楽しいことはない。

読書人階級である士大夫の身の処し方として『論語』の次の言葉はひとつの指針になるものだと思います。「天下に道理があれば表に出て活動し、道理がなければ表からひっこんで隠れている」（泰伯《たいはく》第八）と。

天下に道理があるとは、いわば治世です。なんの問題もなく治まっている世というのは理想でしょう。しかし、現実には何かしら問題が発生します。それでも、そんななかにも道理があるなら、出仕して天下国家のために働かねばなりません。それが士大夫の義務です。

ところが、まったく道理が通っていないなら隠遁《いんとん》するのも士大夫の身の処し方でした。日本で隠遁というと、世俗を離れて山里で暮らす厭世的《えんせいてき》なイメージがあります。しかし、中国の儒家の隠遁は、自己の政治的な信念を貫く生き方であり、いつでも表舞台に立つ準備がありました。そして静かに学問をしていたのです。もしチャンスが訪れたなら、みずからの志を表舞台で問うために……。安岡は「独り静かに偉人の伝記や好きな書を読み耽るほど楽しいことはない。その時こそ生き返るような感じが身心《しんじん》に満ちてくる」（『人物・学問』）といいます。そんな読書生活は表舞台でも隠遁していても通じる士大夫の理想的な姿でしょう。

独り静かに偉人の伝記などを読んで、志を温める。

素読の効用というものは絶大であります。
ことに子供ほど良い。
必ずしもその意味が
よく分からなくともよろしいのです。
これを従来の教育家は
忘れてきたというよりは誤って考えてきた。
意味をよく知らなければ
何にもならないことのように考えてきた。

江戸時代に藩校や学問塾で学ばれた経書《けいしょ》（儒家経典）は、①素読（付け読みと温習）、②講義《こうぎ》（講究と講釈）、③会業《かいぎょう》（読書会と共同作業による研究）という読書の三段階に分かれていたようです。ここでは素読をとりあげましょう。

わが国初のノーベル賞受賞者湯川秀樹《ゆかわひでき》（一九〇七〜一九八一）は自伝のなかで漢籍を素読した体験にふれています。祖父のもとで湯川は五、六歳のころに素読を始めました。祖父は一尺を超える字突き棒の先で一字一字を追いながら四書のひとつの『大学』を読みます。子どもの湯川はおうむ返しに復唱していくのです。これを付け読みといいます。

さて、湯川は「まだ見たこともない漢字の群は、一字一字が未知の世界を持っていた。（中略）まるで巨大な岩石であった」（湯川秀樹『旅人』）とその苦難を回想しています。しかし、素読の効果は覿面《てきめん》でした。「私の場合は、意味も分らずに入って行った漢籍が、大きな収穫をもたらしている。（中略）その後の読書を容易にしてくれたのは事実である」（同書）と。素読を始める適齢として安岡は「子供ほど良い」といいます。江戸時代では普通、記憶力が旺盛な年齢――満年齢で六、七歳から素読を始めたようです。

素読は記憶力が旺盛な年齢から始めるのがよい。

返り読みというものくらい
日本人の天才的な芸当はない。（中略）
日本人が漢文というものを
訓点《くんてん》をつけて返り読みしたことが、
なぜ天才的かというと、
これは訳と読みとを一挙に行なっている。
だから天才的芸当という。

漢籍の原文を「白文《はくぶん》」と呼びます。この白文に、①句読点、②返り点、③送り仮名をつけると返り読みができます。安岡はこの方法を天才的な芸当だと称賛しています。というのは、返り読みをするだけで「読む」と同時に「訳す」ことができたからです。

◎白文……「読書」「大器晩成」

◎返り読み……「書を読む」「大器は晩成す」または「大いなる器は晩《おそ》く成る」

では、白文を返り読みするには基本的な文法を頭に入れておけば足りるのかというと、そんなに簡単ではありません。白文を見ておよその意味がとれないと読むことはできません。そのためにも幼児期に素読をすることはとても有効でした。

幼児にとっては、まったく意味がわからないまま返り読みをしなければなりません。テキストは白文の漢籍か返り点などを付した和刻本《わこくぼん》でしょう。ですから幼い日の湯川秀樹は「まるで巨大な岩石であった」と感じたのです。これを読むには師匠の付け読みが欠かせません。素読は個別指導が原則です。師匠のあとを何度もおうむ返しして暗記するしかありませんでした。この幼い日の努力が漢文の素養をつけさせたのです。

漢文の素養をつけるには、文法だけでなく、素読が欠かせない。

仏家《ぶっけ》に看経《かんきん》、読誦《どくじゅ》、誦経《じゅきょう》があるように、
儒家にはまた素読ということがある。
これは性霊《せいれい》の独語、魂が独り言をいうように、
すなわち書物を読む時には
わが魂が故*人と語るように、
あるいは進んで故*人の魂が我に向って囁《ささや》くように、
この書の中から声が発するように（中略）
読むというのが素読の精神です。

*『人物・学問』の一文であるが、「故人」は「古人」の誤植と思われる。

安岡は素読を通して、次のように古の聖賢と魂の交流をすることをすすめています。

◎わが魂が古の聖人や賢者と語るように素読する

◎古の聖人や賢者の魂が自分に囁いてくるように素読する

たとえば『論語』には「子曰く……」と孔子の言葉が記録されています。これを孔子がわが魂に囁いてくるように音読するのです。「曰く」は「いわく」と読みますが、孔子にかぎっては「のたまわく」と敬語で読むのが魂の交流にはいいでしょう。

ところで素読というと、私たちは「音読する」ことだけを浮かべるかもしれませんが、『養生訓《ようじょうくん》』などで有名な貝原益軒《かいばらえきけん》（一六三〇〜一七一四）は「読む」と同時に「書く」ということをすすめています。少年のために益軒が書いた『和俗童子訓《わぞくどうじくん》』には「四書（『大学』『中庸』『論語』『孟子』）を、毎日百字ずつ百遍熟誦《じゅくしょう》して、そらに読み、そらに書くべし」と記されています。「そらに読む」「そらに書く」とはテキストを見ずに暗記したものを読んで書くということです。益軒の計算によれば、一日に百字ずつそらに読んで書けば、一年半足らずで四書を覚えてしまうというのです。これが江戸時代の素読という修養でした。

魂の交流をするかのように音読し、さらにそらで書いてみる。

大人《おとな》は祇園精舎《ぎおんしょうじゃ》とはインドのどこにあるのだ、
諸行無常とはこういうことである
というようなことは分かるが、
もはや世間の生存競争や何かに
摺《す》れっからしてしまって、
もうその耳に鐘の音そのものは聞えない。
子供は理屈は分からないが、 その鐘の音は聞える。

安岡は小学校高学年のころに『平家物語《へいけものがたり》』を読んだことがありました。「祇園精舎の鐘の声、諸行無常の響《ひびき》あり。沙羅双樹《しゃらそうじゅ》の花の色、盛者必衰《じょうしゃひっすい》の理《ことわり》を現す……」という、大人でも説明できないような文章が並んでいます。十歳強の子どもに、祇園精舎とは何か、諸行無常とは何か、沙羅双樹とは何か、わかるはずはありません。だからといって、

「言葉が難しいから、こんな文章を子どもに読ませてはいけない」

と考えるなら、それは見当外れだと安岡はいいます。また、言葉の意味を説明する必要もありません。

ただ読ませればいいのです。読めば、子どもには祇園精舎がどこにあるかわからなくても、その鐘の音は心の耳に聞こえます。また、沙羅双樹がどんな花か知らなくても、その花の色は見えるのです。子どもだったころの安岡には実際に聞こえ、見えたのでしょう。

この体験から、素読についても「分からないでもよろしい、心静かに素読していると分かるようになる」(『人物・学問』)といいます。その場合の「分かる」とは子どもならではの感受性で何かを感じるということです。これが大切なのです。

理解できなくても、感じるために素読する。

先生から講義を聴いている間は耳学問で、
この間はどうしても本物になりません。
独立して自分で研究して
自分で講義をしてみるということに
ならなければ――
学問が自治的にならなければ――
どうしても本物にならない。

江戸時代の学校および塾では、「素読」を卒業すると、次に暗唱した経書（儒学経典）に意味や解釈を与える「講義」へと進みました。

日本教育史の専門家によると、講義は、①講授と②講釈に分かれていて、次の要領でした。

「師匠が、学生一人ひとり個別に経書一字一句の意味を教える『講授』と、ある程度の受講者に経書のさまざまな注釈書や疏《そ》釈書《しゃくしょ》にもとづいて意味・解釈を与えていく『講釈』とがあった」（辻本雅史《つじもとまさし》「素読の教育文化」、『続「訓読」論』所収）と。

そして最終段階の「会業」では学力が同じくらいの十人前後の学生が集まって共同学習を行います。具体的な進め方は輪番制で当番にあたった人が発表し、その後、質疑と討論を行うというものでした。この段階までくると安岡が語っているように学問は自治的になってきます。整理すると、江戸時代の学問は、①素読……経書を暗唱する→②講義……経書を理解する→③会業……研究を深めるという流れでした。こうした一連の学習ステップの最初に素読という体で覚える学習が置かれていたのでした。また、①②では個別指導が中心でした。現代のようなマス教育でなかったことは特徴的です。

素読を卒業したら、自治的な研究を行った江戸時代の塾。

孔孟《こうもう》思想と黄老《こうろう》思想の両系統が、
中国文化の二大根幹を成す。
この二つが相対《あいたい》し、相待《あいま》つ。これが本流で、
それにいろいろ外来思想、外来文化が加わって
中国文化というものをつくってきた。

右の安岡の言葉は中国文化を要約したものです。基盤は二大思想でした。すなわち「孔孟思想と黄老思想の両系統が、中国文化の二大根幹を成す」（『ユートピアを求めて』）と安岡はいいます。江戸時代にわが国で主に学ばれたのは経書ですが、経書は二大思想のうちでも孔孟思想の経典であり、中国宋代《そうだい》に四書五経として整理されました。

◎孔孟思想……孔子を開祖とし、孟子らが大きく思想形成した原始儒家の思想

◎黄老思想……黄帝を始祖とし、老子を大成者と見た、漢《かん》代初期まで流行した道家《どうか》の思想。道家は前漢《ぜんかん》からあとは老子と荘子を合わせた「老荘思想」が通り名となる

このように「孔孟＝儒家の思想」と「黄老（老荘）＝道家の思想」という二つの系統が中国文化の根幹をなしていたのです。ところで儒家と道家とは相反する思想だと考えるのが一般的ですが、安岡のとらえ方はそうではありません。これら二大思想は互いに対立しながらも互いを頼りとし、補完しあって中国文化の本流を形成したととらえています。この大きな流れのなかに外来思想である仏教などが流れこみ、中国文化を豊かなものにしたというのが安岡の中国思想の見方です。

「孔孟＝儒家」と「黄老＝道家」の二大思想が中国文化の根幹である。

儒教となると、特に修己治人、己を修め世を治め人を治めることを主眼・主体とした。それに対して人間、自然というものの本体、原理原則を主としたのは老子、これに続く荘子、列子《れっし》などの考え方——突き詰めれば同じことなんだけれども、あらわれるところ、表現が異なってある。

要するに能《よ》く化する、能化《のうげ》、大化《たいか》ということが究極で、我々は生ける限りできるだけ進化しなければならん。

儒家と道家の思想は互いに対立しながらも補完しあって中国文化を形成してきました。これら二つの思想は安岡によれば「突き詰めれば同じことなんだけれども、あらわれるところ、表現が異なっておる」（『ユートピアを求めて』）ということになります。では、両者の「あらわれるところ」は、どう異なっているのでしょうか。

◎儒家……修己治人（己を修め世を治め人を治める）にあらわれる

◎道家……人間や自然の本来のあり方にあらわれる

あらわれるものにはこうした違いはありますが、思想の根は同じです。それは「化する」ということです。つまり生成育化――万物を創造し、育成する点で同じだというのです。

たとえば儒家の基本的な徳目である「仁」は「愛」や「思いやり」という言葉で置き換えられますが、それはものを包容し、育てていく徳といえます。生成育化の徳です。また、道家は人間は自然にしたがって発達しなければならないといいます。儒家と道家は、そのあらわれるところが互いに対立しながらも、根が同じで、補完しあうのです。この観点から中国の古典を読むことで深層の根にいたるという学び方ができるかもしれません。

儒家と道家は補完しあって中国文化をなしている。

読んで快心のところに至った時はもちろん、
わが欠点を深く突かれた時も、
やがて喜びはおのずから心に湧く。
そして更に新たな勇気が心身に
あふれてくるのを覚える。（中略）
実に読書は練心《れんしん》でなければならぬ。

戦国時代から江戸時代のはじめにかけての武将に新納忠元《にいろただもと》（一五二六〜一六一〇）がいました。忠元は薩摩《さつま》藩《はん》で重きをなした文武にすぐれた人物でした。やがて晩年の一六〇三年には江戸に幕府が樹立されて泰平の世が開きます。あるとき、若い武士たちが忠元を訪ねて「胆力はいかなるときに据わるのでしょうか」と問うたことがあります。

忠元は「おぬしたちは古の聖賢の書、偉人の伝を読んで心底から感激し、愉快を感じることがあろう」と静かに見回すと、「そのときに胆力は据わるのじゃ」と話したそうです。読むことが、わが身に直結した読書をするとき、心を練ることができます。反対に知識を知識として、わが身を介在せずに追求する抽象的な読書では心を練ることはできません。心を練ることなしに胆力は据わりません。

中国古典を繙くとわかりますが、多くが具体的です。人間が描かれています。偉人の人となりに発憤し、聖賢の高い境涯に憧れ、みずからを省みて恥じることができるのは具体的だからです。やがては心から熱いものが湧いてきます。これが練心です。中国やわが国の先哲の書を読むとは、このような読書をすることです。

読書は自己疎外的ではなく「練心」でなければならない。

内を観なければ外というものは
見えるものではない。
内を観ずして外が観えたように思うのは
それは実は仮りの姿にすぎません。

心を練らないと、外界を見ても表面しか見えていません。つまり網膜に映るものしか見えておらず、ましてや心眼などというレベルにはまったくいたりません。表面の奥には人の心があります。喜びや悲しみやいろんなものがあるのです。

たとえば自分の痛みがわからないと他人の痛みはわかりません。痛みにもいろいろありますが、誰かが「お腹が痛い」といったときに、これまで腹痛を体験したことがない人は相手の痛みを推しはかることはできません。自分の痛みを通して人の痛みに共感し、他人の痛みを感じることができるのです。

儒学は世を治め、人を治めるという政治色の強い学問ですが、まずみずからを修めなければなりません。そうでなければ人と世に思いを致すことはできません。「己を修めずして人を治めれば、やがて必ず失敗に帰するのであります。(中略)畢竟己を知らずんば、物は分からんのであります」(『人物・学問』)と安岡はいいます。自分を修める――そのために読むのが中国やわが国の先哲の書です。みずからの心を練ることなしに外界の深層を見ることはできず、ましてや人も世も治めることはできません。

己を修めずして人を治めれば、やがて必ず失敗に帰す。

第十章

儒学に学ぶ

論語は、これは世人が
餘《あま》り知らないかと思いますが、
別名を綸語《りんご》と言い、
また輪語《りんご》、あるいは円珠経《えんじゅきょう》とも言うております。

安岡は『論語』を説明するのに、その別名である「綸語」「輪語」「円珠経」の三つをあげています。なぜ別名をあげたのかというと、これらの名のうちに『論語』の性格が示されているからでしょう。

◎綸語……『論語』をもって世務《せむ》を経綸《けいりん》できるところから「綸語」という

◎輪語……『論語』の説くところは円転極まりなく、車輪のようであるというところから「輪語」という

◎円珠経……鏡はいくら大きくても一面しか照らし出さないが、珠《たま》はどんなに小さくても上下四方を照らす。諸家《しょか》（道家、墨家《ぼっか》、法家《ほうか》などの諸学派）の学説は一面しか照らさない鏡のようなものだ。しかし『論語』は上下四方、円通極まりないものであるから「円珠経」という

これらの別名は漢代の鄭玄《じょうげん》（一二七〜二〇〇）という学者が記録しているものです。六朝《りくちょう》時代の学者である皇侃《おうがん》（四八八〜五四五）の『論語義疏《ぎそ》』に引用されています。わが国では南北朝時代から「円珠経」という別名がもっぱら用いられていたそうです。このように『論語』の別名には深い意味があり、味わい深いものだと安岡はいいます。

『論語』は円転極まりないから『円珠経』ともいう。

論語は不思議な書物である。
何時《いつ》読んでも幾歳になって読んでも、
その度ごとに始《ママ》めて読むような新たな感動を
受ける処《ところ》が必ずある。
世故《せこ》を体験して、何か自ら覚《さと》る所があると、
また必ず論語中の一節が思い合わされる。
学者であろうと政治家であろうと商人であろうと、
若ければ若い、年老《と》れば老ったで、
誰が読んでも、それ相応に皆教えられる。

安岡は学生のころから国文学者の沼波瓊音《ぬなみけいおん》（一八七七〜一九二七）に親しく学びを得てきました。まだ安岡が三十歳にならないとき、瓊音は肋膜《ろくまく》を病んで容態が悪化します。ある日、見舞うために病室に入ると、瓊音は何かの本をそっと枕の下に入れました。「なんの本ですか」と安岡が尋ねると、にこにこ笑いながら取り出したのが『論語』の袖珍本《しゅうちんぼん》でした。袖珍本というのは携帯に便利な判型の本のことです。

瓊音がいうに、「長年、書物を読んできましたが、この年になってこうして病床に横たわってみると、しみじみ論語が読みたくなってね。読んでみると、初めて読むような気がして、実に味わいの尽きぬものがあります」と。この言葉が耳の底にとどまり、『論語』を取り出せば、ふと思い出すのだと安岡はいいます。このときの瓊音はまだ五十歳ほどですが、老境に入っていたのでしょう。安岡は後年、「自分では一角《ひとかど》論語を読んでおる心算《しんさん》でおったけれども、本当はよくわかっておらなかったのでありまして、丁度瓊音先生の年頃にいつか自分もなって、先生と同様少しわかるようになった」（『論語に学ぶ』）と述懐しています。『論語』は不思議な書で、どんな年齢で読んでもつねに新しいのです。

『論語』はいつ読んでも何歳で読んでも、そのたびごとに新たな感動がある。

そもそも学問・学習というものは、
時々これを習うのではなくて、
その時代、その時勢に
凱切《がいせつ》に（ぴったりと適切に）勉強してこそ
学問・学習と言えるので、
時代・時勢を離れて学問したのでは
空理・空論になってしまう。

「学んで時に之を習う。亦説《またよろこ》ばしからずや」（『論語』学而《がくじ》第一）

このように訓読するのが『論語』の冒頭の読み方として一般的です。ところで、この章を現代語訳するときに、文中の「時に」をどう解釈すればいいのでしょうか。

まず、「時々」という意味にはとりません。「適当なときに」「しかるべきときに」「つねに」などという意味にとり、「学んだことをしかるべきときに復習する。楽しいことではないか」などと現代語訳するのが通説です。

では、安岡の見解はどうでしょうか。「学んで之を時習《じしゅう》す。亦説ばしからずや」と訓読するのがよいといいます。つまり安岡は熟語で「時習」と読むのです。意味は二つあり、①しかるべきときに復習する、②その時代、その時勢に応じて適切に学ぶとなります。このように時習と読むことで膨らみを感じさせます。

安岡は活学を唱え、よく時流や時局を語りました。というのも、「時代・時勢を離れて学問したのでは空理・空論になってしまう」（『論語に学ぶ』）からです。そんな観点から「時習」と読むのは、とても安岡らしい読み方だといえます。

時勢を離れない学問をするには「時習」をすることである。

117
「省」の二つの意味とは

わがままな欲望を抑制・助長するために
理性というものがあって、
良心の調和を計っておるのである。
これが所謂《いわゆる》時中《じちゅう》というものであり、
三省《さんせい》というものです。
それによって人格が存在することができる。
だから道徳も一省字に帰するわけであります。

「三省」という比較的知られた熟語があります。出典は『論語』の「吾れ日に吾が身を三省す」（学而第一）で、通説では「日々、幾たびとなく自分自身を反省する」といった意味になります。ところで安岡は三省の「省」には二つの意味があるといいます。

①反省するという意味で「かえりみる」と読む

②省略＝簡単にするために一部を減らすという意味で「はぶく」と読む

つまり「わが身を反省する」と同時に、「わが身の無駄に膨張した部分を簡素にする」のです。人は知らないあいだに、その欲望によって、みずからを膨張させてしまっています。これを抑制するのが理性です。この理性の働きを指して安岡は「これが所謂時中というものであり、三省というものです」（『論語に学ぶ』）と説明しています。時中とは喜怒哀楽の感情をその時々に調節して中庸を保つことです。

このように時中や三省という理性的な働きによって人はみずからを省みて自分の不必要に膨張した部分を省き、中庸を得ることができるのです。反省と省略という複眼で「省」をとらえることで『論語』は味わいを増すように感じられます。

反省と省略によって、無駄に膨張した部分を簡素にできる。

孝《こう》という字は、単に親を大事にして、親に尽くすという意味だけではなくて、親子・老少《ろうしょう》、先輩・後輩の連続・統一を表わす文字である。

ある弟子が「孝とはなんですか」と質問したのに答えて、孔子は、

「父母が元気なときは礼にしたがってお仕えし、亡くなったときは礼にしたがって葬り、祖先となった御霊《みたま》を法要するときは礼にしたがって行う」（『論語』為政第二）

と説明しています。この言葉には「存命中の孝↓死亡時の孝↓法要の孝」という三段階の孝が示されています。また、それぞれに礼のしきたりが定まっていて、孝の大切さを物語っています。ところで、この三段階の孝は先祖から受け継いだものであり、さらには自分から子世代へ、子世代から孫世代へと受け継がれます。つまり孝とは連続性のものだったのです。

中国哲学史の加地伸行《かじのぶゆき》は「過去（死せる親）・現在（生ける親）・未来（子孫の存在）にわたって自分が生き続けることができること、これは、この世の現実を最高とする中国人の、中国的解脱である。その全体を中国人は孝と考えた」（加地伸行『「論語」を読む』）と垂直的なつながりのなかで孝をとらえています。安岡が孝を「親子・老少、先輩・後輩の連続・統一を表わす文字」（『論語に学ぶ』）だといったのは、孝をさまざまなシチュエーションにおける垂直的なつながりととらえていて膨らみを感じさせます。

親子の連続性を絶やさず、礼を尽くすことが「孝」である。

孔子は四つのことを断たれた。
私意・私心というものがなく、
自分の考えで事を必《ひっ》する、
即ち独断し専行することがなく、
進歩的でかたくななところがなく、
我を張らなかった。

孔子は四つのことを断とうとしました。儒学は「己を修める」ことから始まりますが、祖の孔子みずから次の「四絶《しぜつ》」の修養に努められたのです。

①「意」を断つ……私意、私心をなくすること

②「必」を断つ……「自分の考えで事を必する＝独断や専行」をなくすこと

③「固」を断つ……かたくななところをなくすこと

④「我」を断つ……我を張らないこと

ところで安岡は三番目の「固を絶つ」ことを重く見ていたようです。「殊に固・かたくなということは一番いけない。よく世間には、大変好い人なんだけれども、どうもかたくなでいけない、というような人がありますが、こういう人はともすれば、世の中を白眼視したり、他人のすること為《な》すことに文句を言ったりするものであります。だから進歩がない」（『論語に学ぶ』）と。固とは、かたくなになることであり、固執することです。何かにこだわり、固着した瞬間に、これまでの流れが滞ります。滞ると、よどみができて、ここから文明でも、人間の精神でも、肉体でも病み始めていくのです。

私意を持たず、独断専行せず、かたくなにならず、我を張らない。

「先生の道は忠恕《ちゅうじょ》――
造化の心そのままに
理想に向かって限り無く
進歩向上してゆくだけである」。

あるとき孔子は「私の道は、ただひとつのもので貫かれている」と語ると静かに退出されました。ひとつの道とは何か、残った門人が曽子《そうし》（前五〇六？～前四三六？）に解説を求めます。曽子は「先生の道は、忠恕で貫かれているのだ」と答えました。安岡は「忠恕――造化の心そのままに理想に向かって限り無く進歩向上してゆく」（『論語に学ぶ』）ことと解説します。一字ずつ説明しましょう。

◎忠……「文字通り中する心で、限り無く進歩向上する心が忠である」（同書）

◎恕……「心と如――恕の旁《つくり》は口《くち》ではなくて領域・世界を表す口で、女の領域・女の世界、転じて天地・自然・造化を意味する。――造化そのままに進んでゆくことである」（同書）

通説では忠恕は「仁」と同義であり、まごころと思いやりという意味だと説明しますが、これでは抽象的です。安岡によれば「造化＝万物生成」の心であらゆるものを包容していきながら理想に向かって進歩向上していくことが忠恕となります。孔子の理想は周公旦の業績と重なるものでした。つまり孔子の道とは周公旦から受け継がれた理想に向かってすべてを包容しつつ進歩向上していく一本道だったのかもしれません。

万物生成の心で包容しながら、理想へと進化向上していく。

孔子は、あくまで政《せい》は正《せい》であり、
政治は正しくなければならぬ。
そして政治家はまづ自分自身を正すことが根本で、
それによっておのづから
人心風俗も正されるといふことを力説し、
徳治《とくち》主義により、権力主義的・法治《ほうち》主義的政治を
排斥したのであります。

『論語』には政治にまつわる言葉が多く見られます。そもそも孔子に師事した子弟たちが目指したところは、みずから政治に参画し、徳によって国を治めるという「理想の政《まつりごと》」を実現することでした。そのために学問をし、古の聖賢に学んだのです。『論語』からいくつか言葉を見ておきましょう。

①「政治をなすには、人徳によって行うことだ（政を為すは徳を以てす）」（為政第二）

②「政治とは正しさである（政は正なり）」（顔淵《がんえん》第十二）

③「かりにも自分の身を正しくすれば、政治を行なうのに何の困難もない（苟《いやしく》も其《そ》の身を正しくせば、政に従うに於《お》いて何か有らん）」（子路第十三）

政治とは、①のように有徳者が行うべきであり、そんな人物が行うからこそ、②のように正しい治世が実現します。そのためにも、③で語られるように為政者がみずからの身を正さなければなりません。そうすれば徳治主義によって政治に困難はなくなります。とはいえ、国が巨大化すれば秦《しん》の始皇帝《しこうてい》が法家を導入したように法治主義でないとなかなか収拾がつかないのではないでしょうか。もっとも、自治体や企業などの集団は徳治主義が有効です。

政治を有徳者が行ってこそ正しい行政が実現する。

孟子は〝自反《じはん》〟を説く。自ら反《かえ》ることは
人間哲学の厳粛な根本理法の一つだ。
自ら反らざれば、それは自ら反《そむ》くことになる。
（中略）いかなる時も人間としての正しい考え方は、
自分の内部に第一原因を
発見することでなければならない。

孔子の道統を引く孟子は「君子はまず、みずから反省することだ」と説きました。これを「自反」といいます。『孟子』（離婁下《りろうげ》）にはこんな事例があげられています。

君子に対して乱暴で道理に外れた行為をしかけた人物がいたとしましょう。さて、このとき、君子はどんな態度をとるべきでしょうか。孟子がいうには「相手を責めるのでなく、みずからを反省することだ」と。つまり「自分が仁でなく無礼だったから、こんな乱暴をしかけられたのだろう」と振り返ります。しかし、落ち度がないにもかかわらず相手の無道がやまないと、今度は「自分の誠意が足りないのだろう」といっそうの反省を加えます。こうして誠意を尽くしますが、依然として乱暴がやまないなら、ここでようやく君子は「相手は無法な禽獣《きんじゅう》なのだ」と矛先を向けるのです。

このとき、もし自分を振り返ることなく反射的に相手を非難していたとしたら、それは「自ら反くことになる」と安岡はいいます。明治維新の英傑、西郷隆盛は「人を咎《とが》めず、我が誠の足らざるを尋ぬべし」（『南洲翁遺訓《なんしゅうおういくん》』）と語りました。隆盛にとって『孟子』は絵空事ではなく行動の指針だったのでしょう。

自分のいたらなさを反省しない者は君子になれない。

儒教は戦国末から次第に老荘思想などと融合して、
普通ならば漢代において充分哲学的思弁も
盛んになっていたはずであるが、（中略）
遂に長く訓詁《くんこ》考証以外に余り出ることができなかった。
かつ官僚との結託は、どれほど儒者から
純真な内生《ないせい》を奪ったかしれない。
これが人心に深い不満を醸成して、
宋学《そうがく》勃興の機運を遙《はる》かに作ったであろう。

孔子とその高弟の言行を記録した『論語』は、おそらく孔子の孫弟子たちの時代に編まれました。前漢の終わりごろには三種類の『論語』がありましたが、前漢後期の人物である張《ちょう》禹《う》(?〜前五)がこれらを校訂して一本化します。これが後漢の学者に引き継がれて今日の『論語』となりました。ところで中国の漢代から唐《とう》代にかけて、『論語』は字句の意味を一つひとつ確かめる訓詁註釈という読まれ方をしました。とにかく文献や辞書にあたって考証するのです。しかし、こんな読み方では深い感動はありません。

安岡は「儒教は戦国末から次第に老荘思想などと融合して、普通ならば漢代において充分哲学的思弁も盛んになっていたはずである」(『儒教と老荘』)といい、そんな可能性にふれています。ですが、秦の始皇帝による弾圧などで学問は荒廃し、儒学は安岡のいうようには発展しませんでした。この反動で、やがて宋学が生まれます。宋学とは中国の宋代に出現した新儒学の総称です。狭義には朱熹によって体系化された朱子学を指します。時の儒者たちは仏教を学び、「理」を導入しました。こうして儒学は哲学的思弁性が高まり、訓詁註釈の学問でなくなりました。そして聖人にいたることを目的とする学問へと質的変化を遂げたのです。

儒学は長らく死んだ学問となり、宋学によって復興した。

深厚《しんこう》なる直観と
純粋なる行義を旨とする原始儒教は、
唐末《とうまつ》より宋に及んで、
俄《にわか》に哲学的反省が盛んになった。
いわゆる宋学は、
すなわち儒教史上の哲学的部門である。

宋代において儒学は聖人を目指す学問になりました。宇宙の原理である「理《り》」を究明し、人間の「性《せい》（本性）」を明らかにする宋学は、究極的な目標を、理を体得し、「聖人」となることとしました。安岡が「宋学は、すなわち儒教史上の哲学的部門である」（『儒教と老荘』）と指摘したのは宋学の特色が「性理《せいり》の学」にあるからです。

儒学者の宇野精一《うのせいいち》（一九一〇〜二〇〇八）は「儒学史上、宋代の特色となすべきものは、遠くは孟子の学説をうけ、近くは仏道二教（仏教と道教）の影響による、いわゆる『性理の学』である。（中略）かかる学説は主として、孟子に始まり荀子を経て董仲舒《とうちゅうじょ》（前一七六〜前一〇四）なども論じているが、盛んになったのは宋代である」（宇野精一『儒教思想』）と流れを概観しています。宋学が起こるまでの漢代や唐代では、誇張すると、『論語』は字句の意味を考証される感動がない書でした。しかし「聖人」を目指す宋学では、『論語』は読者みずからの生き方に直結します。つまり、『論語』の「読了後、すぐに手足のおき所がないほどの感動に身を震わせる」（朱熹、土田健次郎《つちだけんじろう》訳注『論語集注1』）書として『論語』を読むことが奨励されました。活学する書として『論語』は復興したのです。

中国宋代に『論語』はみずからの生き方に直結した感動の書となった。

真に山中の賊を破るは易く、
心中の賊を破るは難い。
そこで克己《こっき》を旨とする儒者は、
この至難なる内面的戦闘に苦しむ余り、
人欲《じんよく》をもって先天的に憎むべき悪と
思いこむのである。（中略）
しかしながら、これらは本来充足理由ある
人間自然の欲求——天徳《てんとく》である。

聖人を目指そうという宋学＝朱子学は世を席巻し、全盛を極めると、科挙試験に必須の学問となっていきました。つまり朱子学は社会的な栄達を目指す学問でもあったのです。こうして聖人を目指すという本来のあり方から離れていくようになりました。やがて朱子学が硬直化していくなかで、明代に王陽明が出現します。陽明は心そのままを理とする「心即理」の立場をとり、陽明学を打ち立てました。

さて、安岡の右の言葉にある「山中の賊を破るは易く、心中の賊を破るは難い」は陽明の言葉の引用です。心中の賊である人欲に打ち勝とうとする「克己（己に克つこと）」は難しいという喩えです。なぜ難しいのかというと、打ち勝つべき人欲は人間にみなぎっている生命力そのものだからです。生命力が「寝たい」「食べたい」「成功したい」という欲求として表れたのです。安岡はこうした個々の欲求を「部分的欲求」と位置づけました。そして、これらの欲求を否定せず、満たすべき天徳だとしました。ただ部分的欲求を一方的に発散させると悪になります。そうでなく、「全体的欲求」のうちに統合するのです。このように統合し、統制することを克己としました。この人欲肯定論は宋明の儒学を批判する人間観です。

欲求を高いレベルに統制することが克己である。

第十一章

老荘に学ぶ

人間というものを本格に知るためには本当に孔子を研究するがよろしい。したがって『論語』を読むがよろしい。その人間の世の中の表ばかりではなく、裏も窺《のぞ》いて、十分人間というもの、人世というものに通じようと思えば、さらに『老子』を読むがよろしい。

安岡は四十代のはじめに次のように書いています。

「私もこの数年来特に『老子』を愛読しますが、自ら顧みて、ああ自分もいつか人世の裏を知るようになったかと時に慨歎《がいたん》することがあります」（『ユートピアを求めて』）と。「人世の裏を知る」とは、たとえばこの世の中のことは道理や理屈だけでは通らないということを知ることです。不合理なことが起こるのが世の常です。世の中のことを合理的に解釈しすぎると、表側しか見えず、甘く受け止めざるをえません。何事にも表があれば、裏があります。「裏も窺いて、十分人間というもの、人世というものに通じようと思えば、さらに『老子』を読むがよろしい」（同書）と安岡はいいます。ここで興味深いのは、安岡がこのように述べたのが四十代のはじめだということです。

若いころから安岡は老荘をよく語っていますが、この時期にあらためて『老子』を手にし、愛読しようとするモチベーションがあったのでしょう。人は人生の半ばで前半生で生きてこなかった側面を生きようとするものです。後年、「心情としては老荘を好む」といった安岡は、そのころ、人と世の裏をより深く見つめようとする心の働きがあったのかもしれません。

人間や人世に通じようとすれば、さらに『老子』を読むのがよい。

木にも（中略）本性《ほんせい》があって、
それを全《まっと》うするのが栽培の道であり技術である。
栽培とは人間が木の天性を無視して
勝手に左右することではない。
政治も役人が民衆の天性を無視して
勝手に命令支配することではないのである。
役人も理論家とか技術者とか政策通とか
何か自己の才智《さいち》を誇る者ほど下手な植木屋が多い。

韓愈《かんゆ》らとともに古文復興運動をリードした柳宗元《りゅうそうげん》（七七三〜八一九）は唐宋八大家《とうそうはちたいか》のひとりに数えられます。彼は官僚であるだけに儒学の教養は高いものの、左遷の憂き目にあったためか、その作品には随所で老荘の香りがします。安岡は老荘思想を語るときに、よく植木職人を描いた柳宗元の「郭橐駝《かくたくだ》の伝」という一篇を引用しています。こんな話です。

郭橐駝は植木の名人で、その秘訣を聞かれてこう答えます。「木を植えるのに必要以上に手を加えません。ただ木の天性にしたがって、本来持っている木の性質を伸ばしているだけです。ところが一般の植木職人は木をかわいがりすぎて、かえって木の天性を抑えこんでいるのだ」と。――木の天性を信じて、あえて「無為《むい》（為す無し）」で通すことが自然に木を育てます。このやり方はとても老荘的です。儒学のやり方は一般の植木職人のように手をかけすぎているのかもしれません。安岡は「政治も役人が民衆の天性を無視して勝手に命令支配することではない」（『老荘のこころ』）といいます。実際、政策通だと威張って干渉してくる役人ほど民衆の邪魔になる存在はありません。老子の思想に特徴的な「自然＝みずからに内在する力でそうなること」を考えさせる一篇です。

持ち前の天性を信じて、あえて「無為」で育てるとすくすく育つ。

孔孟が明徳《めいとく》を重んずるのに対して、
老荘は常に「玄徳《げんとく》」を重んずる。

孔孟の儒学も老荘思想もそれぞれに「道」を説いています。こうした道を悟って人間に発したものが「徳」です。徳には外に表れた「明徳」と、目には見えないが内にあって絶妙な働きをする「玄徳」があります。

儒学では明徳を重んじます。「我々の意識、我々に含まれているいろいろの徳を外に発揮する、その一つに智能《ちのう》・技能というものがある。そこからいろいろの文化、文明というものが出てくる。そういうものが明徳であります」（『禅と陽明学　上』）と。安岡は「徳」を氷山に喩え、海面から現れている氷塊が明徳だといいます。

これに対して玄徳は水面下に沈んでいる巨大な氷の塊で、全体の七分の六を占めるそうです。『老子』には玄徳を説明して「物を生み出しても所有せず、何かを成しても見返りを求めず、成長させても支配しない。これを玄徳という」（十章）とあります。水面下の巨大な玄徳は海面に突き出た氷塊を支えています。だからといって氷塊を所有したり、見返りを求めたり、支配したりすることはありません。そうではなく、ただ支えるところに玄徳たるゆえんがあり、ここにいたって儒学と老荘はひとつになります。

明徳を支えるのが玄徳であり、補いあって儒学と老荘はひとつになる。

漁父《ぎょほ》を懐しむ人は、
すなわち自然と共に生きんとする人である。
屈原《くつげん》に共鳴する人は、
すなわち人生を戦って行こうという人である。
そして私は漁父派に属する思想人格の人を
「道人《どうじん》」といい、屈原派に属する思想人格の人を
「君子」といおうと思う。道人と君子との区別は、
同時に老荘思想と儒教思想との区別である。

屈原（前三四〇ごろ?～前二七八ごろ?）は中国戦国時代に楚《そ》の公室の一族に生まれた政治家であり、詩人です。彼は他国の謀略に踊らされようとしていた王を諫《いさ》めます。しかし、受け入れられず、逆に追放されてしまいました。やつれて河のほとりを歩いていると、年老いた漁父が「そのご様子は、どうなさったのですか」と声をかけました。屈原は「世の人々はみな濁って汚れているのに、私ひとりが清《す》んでいる。衆人はみな酔っているのに、私ひとりが醒《さ》めている、だから追放されたのだ」と語ります。すると漁父はこう問いかけます。

「聖人は物にこだわらず、世とともに移ろうもの。世の人々が濁っているなら、なぜあなたも濁らないのですか。衆人が酔っているなら、なぜあなたも酔わないのですか。どうして深く憂え、高く身を持って自分から追放される種を播《ま》くのですか」

屈原は答えて、「この潔白な身をもって世俗の塵埃《じんあい》を蒙《こうむ》ることができようか」というと、漁父は笑って去り、屈原は入水《じゅすい》して死を遂げます。この逸話をもとに、人生を戦っていこうとする屈原に安岡は儒学的な君子を見いだしました。反対に自然とともに生きようとする漁父には老荘思想を体現した道人を映し出し、両者をくっきり対比して見せます。

人生を戦っていくのが君子タイプ、自然とともにあるのが道人タイプである。

「究極の学問」とは

絶学無憂《ぜつがくむゆう》という言葉はかなり普及しておる。
よく額なんかに書いてある。
これは「学問を絶ったら」という意味で、
「学問をしなければ」という意味でないことは
いうまでもない。（中略）
学問というものを徹底的にやる。
それはある意味において、
いわゆる学問を超絶することである。
そこまで学問をやれば憂いはない。
思い煩うことはない。

「絶学無憂」という四字熟語は『老子』（二十章）に出てきます。「学を絶たば、憂い無し」と訓読します。通説では「学問をやめれば、憂いがなくなる」とか、「学ぶのをやめれば、心配ごとがなくなる」という意味にとります。逆にいうと、人は学べば学ぶほど思い煩うということです。当時の「学」とは儒学を指すでしょうから、この言葉は「儒学を学んでも思い煩うだけ。末梢的な知識などを増やすことをやめて自然とともにあれ」と俗社会での価値観を引っくり返しているのでしょう。

安岡はこうした通説に対して「絶学」とは「学問を徹底的にやる」という意味だといいます。徹底的にやるとは超絶することです。つまり「学問を超絶したら、思い煩うことはない」と解釈し、これにしたがって訓読すると「学を絶《ぜっ》すれば、憂い無し」とでもなるでしょう。そういう徹底した境地を『老子』は説いているのだという安岡の解釈はとても安岡らしいと思います。——このような徹底した境地に立つとは「学問を超絶する」ことにほかなりません。これは末梢的な知識などを問題にしない高みへと達することです。そして、この高みに達することで、おのずから「学問をやめる」ことになります。

俗な知識を問題にしなくなれば、思い煩うことはなくなる。

明智《めいち》とは、たいてい
賢明なる智能という意味に
使われるんですけれども、
老荘思想では明智というと、
自ら知ることと、人を知ることである。

大著『大漢和辞典』を世に問うという偉業をなした諸橋轍次《もろはしてつじ》（一八八三〜一九八二）は晩年の講演で、「道理に明らかな明者《めいしゃ》を育成することが理想だ」と語っています。なぜ智者《ちしゃ》でなく明者を育てたいといったのでしょうか。人には誰でも生まれながらに「明徳」がそなわっていますが、心の曇りのために見えません。この曇りを拭うと明徳は明らかになります。修養をして明徳が明らかになった人を諸橋は明者と呼び、

「人を知る人間はまだ『知者』という程度の人間でしかない。しかるに自らを知るもの、自分で自分を知る者は、これこそ明者である」（諸橋轍次『誠は天の道』）

とまとめています。諸橋は儒学の立場にとどまって智者と明者の区別をしました。『老子』にもまったく同様の言葉があります。「他人のことがわかる者は智者であり、自分のことをわかる者は明者である」（『老子』三十三章）と。

諸橋が儒者の立場で「明者」の概念を案出したのは異例でしょう。安岡が「老荘思想では明智というと、自ら知ることと、人を知ることである」（『ユートピアを求めて』）というとおり、「明」の字に知的な精神の働きという位置づけをしたのは老荘思想においてでしょう。

他人のことをわかるのが「智者」、自分のことをわかるのが「明者」である。

「大国を治むるは、小鮮《しょうせん》を烹《に》るが若《ごと》し」。
小魚を煮るようなもので、
ひっかき回したらくずれてしまう。
大国を治めるには、
そっとしておかなければいかん。

老子の政治思想は無為の政治をなすことです。無為を訓読すると「為す無し」となり、意味は「ことさらなことをしない」ということです。さて、『老子』に「無為を為せば、則ち治まらざる無し」（三章）という言葉があります。ここで肝心なことは「無為を為せば」とあるように、「無為」がひとつの行為だということです。決して「何もしないこと」が無為なのではありません。この『老子』の言葉を現代語訳すると「『無為』という統治のやり方で自然な政治をすれば、すべてがうまく治まる」となります。

また、無為とは有為に対する語です。有為とは「為す有り」で、とにかく何か手を出すことです。老子は人間のさかしらな知恵を嫌い、そんな知恵で干渉するからうまくいかないのだと考えます。安岡の言葉にある「大国を治むるは、小鮮を烹るが若し」とは『老子』（六十章）の有名な言葉です。「小魚を煮るようなもので、ひっかき回したらくずれてしまう。大国を治めるには、そっとしておかなければいかん」（『ユートピアを求めて』）と安岡がいうように、大国を治めようと、あれこれ小細工するのは逆効果でしかありません。そうでなく、官が出しゃばらず、干渉しすぎない放任の政治を行うことがうまく治める秘訣です。

大国を治めるのに小細工は無用、あえてことさらなことをしない。

人間はどこまでも、
自然にしたがって発達しなければならん。
どこまでいっても自然を失ってはいけない。

老子は「小さな国で、人民も少ないところ……」（『老子』八十章）と彼のユートピア＝理想郷を語り始めます。これが有名な「小国寡民《しょうこくかみん》」の章です。以下のように続きます。「……人々が昔に帰って縄を結んで文字のごとく使う。自分たちの食べものをうまいと思い、自分たちの衣服をりっぱだと思い、自分たちの住居に落ち着き、自分たちの習慣を楽しむ。隣国が見えていて、その鶏や犬の鳴き声が聞こえてきても、人民は（自分たちの生活に充足しているので、）老いて死ぬまで隣国と往来することはない」（同書）

現代人がこの素朴で質素な生活を理想郷と思えるには価値観を変えなければ無理でしょう。というのは生産性を高め、拡大することが豊かさだと考えているからです。そんな拡大主義に対して『老子』は退化主義とでもいえるものを推し進めます。そこには古いものを大切にするという価値観があります。また、外へと欲望を拡大するよりも内面の充足に豊かさを見いだしています。安岡は功利的になりすぎて自然から離れることになればみずからを破滅させてしまうと警鐘を鳴らします。「どこまでいっても自然を失ってはいけない」（『ユートピアを求めて』）ということです。

古きものを大切にし、充足することに豊かさを見いだす。

老子という人はその時勢に対して
最も深刻な、最も本質的な、あるいは最も根柢的《こんていてき》な
警告をした人であるということは、
これはもう確かでありまして、世俗が考えるような
老子、つまりトランセンデンタリズム、
超越主義ではない。非常に徹底した、そして
生の根源に帰れという、つまり平たい言葉でいうならば
出直しをしろという
警告をした人ということもできるんです。

安岡は、老子は隠遁や脱俗を説いたのではなく、この社会に対して「最も大所高所から徹底して、本質的な警告を発した人だ」（『ユートピアを求めて』）と位置づけています。大所や高所から眺めると、世の中で美徳とされていることが、実は頽廃《たいはい》の徴候だと見えてくるものです。老子の警告を見ておきましょう。

儒家が「仁」や「義」という徳を説くのは正々堂々と歩んでいくべき道が廃れたからだ。また、「孝」という徳を強調するのは家族が不和になったからだ。さらに「忠」という徳をそなえた臣下を称えたのは国家がひどく乱れているからだ。もし人間の歩むべき道が保たれ、家族が仲よくし、国家が安定していれば「仁」「義」「孝」「忠」といった徳をことさら説く必要はないではないか。――以上は『老子』（十八章）に見られる考え方です。

このように老子は儒者が徳だと賛美していることを頽廃の徴候だと見ています。老子のこの痛烈な文明批判に耳を傾けるなら、安岡の右の言葉の「生の根源に帰れ」、そして俗社会からスタートするのではなく根源から「出直しをしろ」という言葉を深く受け止めなければなりません。

儒者が賛美する「徳」は、老子から見れば頽廃の兆しである。

かつて荘周《そうしゅう》夢に胡蝶《こちょう》となる。
ひらひらといかにも愉《たの》しげな胡蝶である。
俄然《がぜん》覚めれば何のこと、相も変らぬ周である。
周の夢に胡蝶となったのであろうか。
胡蝶の夢に周となったのであろうか。
絶対的にはわからぬが、
相対の現実世界では明瞭に周と胡蝶との別がある。
同じく一より出《い》でて互《たがい》に一を分有変通《ぶんゆうへんつう》する、
これが物化《ぶっか》というものである。

一言で「老荘」とまとめますが、『老子』は実社会に警鐘を鳴らすなど世俗にかかわっていこうとする姿勢がありました。世俗とは相対の世界です。ところが『荘子』の場合は「絶対の世界＝天」と一体となった生き方を説き、社会への関心は見られません。

荘子（前三七〇ごろ〜前三〇〇ごろ）の名は周で、荘周は昔、自分が蝶《ちょう》になった夢を見たことがありました。しかし、ふと目覚めれば自分は荘周その人でした。——考えてみれば、荘周が蝶となった夢を見たのか、それとも蝶が荘周となった夢を見ていたのでしょうか。

安岡が右の言葉でいっていることを咀嚼《そしゃく》しておきましょう。相対の現実世界では荘周と蝶の姿形は明らかに違っており、両者の区別ははっきりしています。しかし、絶対の世界から見ると荘周も蝶も同じ天から出た存在であり、万物は等しいのです。なのに、荘周か蝶かと、どちらかひとつに執着するのは浅はかな考えというものでしょう。

ただ、万物は変化し、移ろっていくだけです。これを「物化」と呼びます。すべては変化するのですから、確実なものはありません。もし確かなものがあるとすれば、それはただ、すべては変化し、移ろうという理法だけだということです。

確かなのは、すべては変化し、移ろうという自然の理法だけである。

黄老流、老荘流の求道、修行とは
いかなるものかというと、ここに老荘家の
人間完成の九段階というのがある。（中略）
いろいろの法というものを
最初からつけ加えてゆくのではない。
すべて去っていく。だんだん奥深く入ってゆく。
そうして最後の幹に根に到達するときに
本当の生が働く。即ち大妙《たいみょう》になる。

社会のなかで成功するには、いろんな知識や技術を身につけて、何かに習熟するのがよいこととされています。こうして人は生活を営んでいるうちに地位や名誉や財産など、いろんなものを獲得していくものです。しかし、老荘流ではその反対で、「すべて去っていく。だんだん奥深く入ってゆく」(『禅と陽明学 上』)ことを生き方の指針としています。いわば生活のなかで獲得したものを削ぎ落としていくのです。すると、おのずから立ち現れてくるものがあります。こうした修行のプロセスが次の九段階です。

①野《や》(質朴《しつぼく》)……これまでの人生で膨らんだ虚飾を削いで質朴となる、②従《じゅう》(従順《じゅうじゅん》)……なにものにも耳を傾ける、③通《つう》……こだわりなく受け入れる、④物《ぶつ》……我と物の対立を超えて物になり切る、⑤来《らい》……すべてのものが自分に集まってくる、⑥鬼入《きにゅう》……鬼神《きじん》が自分に宿る、⑦天成《てんせい》……天性の徳がおのずから完成する、⑧不知死不知生《しをしらずせいをしらず》(生死超脱)……生死の区別がなくなる、⑨大妙……絶妙の境地に達する(『荘子』雑篇・寓言《ぐうげん》)。

このステップは、まるで枝葉を茂らせることに意識を奪われていた木が必要以上に繁茂した枝葉を削ぎ、幹から根へと次第に意識を深めていくのに似ています。

社会のなかで身につけた虚飾を削ぎ落としていく。

第十二章

日本の先哲に学ぶ

幕末の陽明学を論ずれば、
山田方谷はその巨擘《きょはく》である。（中略）
一斎は彼に「尽己」の二大字を書して贈った。
彼の尽己は彼をしていわゆる
儒生俗士《じゅせいぞくし》に止《とど》まらしめず、
卓然として時務《じむ》を識《し》る俊傑《しゅんけつ》の士たらしめた。
しかも大事のみならず、
小事糊塗《こと》の風《ふう》もなかった。

山田方谷は幕末第一の陽明学者です。三十歳のときに江戸に遊学し、佐藤一斎の門下に入りました。このとき、一斎は六十三歳であり、そのもとで方谷は学問の総仕上げをしようとします。塾には洋学を主唱していた佐久間象山《さくましょうざん》（一八一一〜一八六四）がいました。二人のあいだでよく激論が交わされ、これが連夜におよぶので、塾生たちはうるさがって一斎に制止を頼みます。すると一斎は笑うだけで、「まあ、ほうっておけ」と。

三年の遊学を経て備中松山へと帰藩するにあたって、一斎は方谷に「尽己（己を尽くす）」の二字を書して贈ります。その後、方谷は藩校の学頭に就任し、十数年間を教育に注ぎます。そして四十五歳で藩の会計をつかさどる元締役となって藩政改革に着手することになります（65項参照）。安岡が「彼の尽己は彼をしていわゆる儒生俗士に止まらしめず、卓然として時務を識る俊傑の士たらしめた」（『陽明学十講』）というとおり、儒者として一流であるのみならず、為政者としても藩政に大きな貢献をしました。まさに己を尽くした結果です。しかも小さなことも曖昧にはしませんでした。これから安岡の言葉を手引きにして山田方谷などの先賢から学んでいきましょう。

儒者として一流、為政者としても藩政改革を成功させた。

末世の民衆は徒《いたずら》に情欲の衝動に駆られて、
外物を逐《お》うに疲れ、支離滅裂に陥って、
是非善悪の判断も立たない。
これを救うにはどうしても一事一物に捕われて
意見を異にしている世態を排して、
人々本具《ほんぐ》の良知を致す外《ほか》はないというのが
致良知《ちりょうち》の説であるが、それは正しく方谷の論ずる通り、
また陽明の行じた通り、各人各個の体験すなわち
格物《かくぶつ》に即せねば、抽象的空理空論に陥ってしまう。

京都で山田方谷の学友となった春日潜菴《かすがせんあん》（一八一一〜一八七八）は、あるとき、方谷に手紙を出して陽明学の「致良知」について尋ねたことがありました。これに答えて方谷は「あなたが『致良知』にこだわり、『格物』に言及していないのは王陽明の見解とは違っているのではないか」と疑問を呈します。陽明学は「致良知（良知を発揮する）」と「格物（物を正す）」を主な教義としています。安岡は「良知の良を単に良いと解しては何のことかわからない。それは『先天的に具備せる創造性』を意味するものである。（中略）皆一様に道義的世界を展開すべき先天的知性を本具している。これが良知である。これを拡充してゆくことが『致』の意味である」（『古典を読む』）と説明します。

さて、陽明学者を「致良知派」と「格物派」に分けると、致良知派は先天的にそなわった道徳的判断力を師とするので高慢不遜になる傾向があります。米騒動の先頭に立った大塩《おおしお》中斎《ちゅうさい》（平八郎《へいはちろう》）らがこの例です。佐藤一斎や山田方谷らは格物派であり、わが心に曇りがないように実践し、努力することに重きを置きました。安岡は致良知にこだわると抽象的な空理空論に陥るとし、各人各個の体験、すなわち格物に即せねばならないと注意を促します。

個々の体験にもとづかない「致良知」では空理空論に陥る。

ただ善和《ぜんわ》（講和）ということに心を奪われては
善戦《ぜんせん》よりもまた危ない。
何故善和ということが大切であるかといえば、
それは「後顧《こうこ》の憂《うれえ》あるなくして、
力を一方に専らにするを得」るためである。
善和に感じて、「和」ばかり考えると、
善和でなくして、
悪和《あくわ》になることを畏れねばならぬ。

方谷に「信玄論《しんげんろん》」というユニークな視点の一篇があります。甲斐国《かいのくに》を治めた戦国大名武田《たけだ》信玄（一五二一〜一五七三）をとりあげて「他国と講和するとは、どういうことか」について考察したものです。要旨を記しておきましょう。

――信玄は大いなる野望を抱いていたが、他国と講和することはなかった。そのため戦争には常勝したものの、戦えば戦うほど敵が増え、逆に国そのものは危なくなった。そもそも甲斐国は四方からの敵と交戦しなければならない地政学的なポジションにある。にもかかわらず信玄は西の国を攻撃しても東の国と講和せず、一生を攻伐に明け暮れて疲弊した。では信玄ほどの人物が講和するという考えにおよばなかったのか。そうではない。「天下の国は講和するに足りない」と考えたのだ。織田信長《おだのぶなが》はそうではなかった。東の徳川家康《いえやす》と講和して西の京都に攻め入った。結論として全勝の功績をあげた人は善戦＝よく戦った人でなく、善和＝よく講和した人である。――とはいえ、講和が必要だからと「和《わ》」を目的化してはなりません。安岡は「善和に感じて、『和』ばかり考えると、善和でなくして、悪和になる」（『古典を読む』）といいます。講和する目的は後顧の憂をなくすことにあるからです。

平和や講和の「和」ばかりに偏りすぎると、逆に「悪和」に陥る。

天の大人《たいじん》を世に降《くだ》すや、将《まさ》に数百年の乱に戡《か》って、
泰平の運を開こうとするのである。
しかるに数百年の乱は
一人の力で除けるものではない。
そこで必ずとんでもない人物がとび出して、
英雄豪傑を駆逐し、荒武者共《あらむしゃども》を鋤去《じょきょ》し、縦横搏撃《はくげき》、
ほぼそれらをやっつけて後、
天下をかの大人に授けるものである。

豊臣秀吉《とよとみひでよし》（一五三七〜一五九八）の歴史的な役割をユニークな視点で説いているのが方谷の「豊公論《ほうこうろん》」です。要旨を記しておきましょう。

――天が「大徳の人物」をこの世に出現させることがある。それは数百年の乱世にピリオドを打って天下泰平の世を開くためである。しかし、数百年もの乱世を一人の力で取り除くことなど、できるものではない。必ず「とんでもない人物」が現れ、動乱を平定するのだ。そのあとに天下をその「大徳の人物」に授けるのである。たとえば中国に目をやると、天下泰平の世を築いた漢の前に短期政権の秦があった。同様に唐の前に随《ずい》があり、宋の前に周があったのは、みんな天のしからしめるところだ。このように見てくると、徳川の泰平の世の前に豊臣の短い政権があったことは天運だといえる。

ここで説かれているのは、徳川家康を「大徳の人物」と見立て、彼が二百六十五年にもわたる泰平の世を築いたのは天命であり、その前に地ならしした豊臣秀吉の役割もまた天命だという歴史観です。つまり、豊臣氏が起こったのも滅びたのも人の力ではいかんともしがたく、個人の悲喜劇を容赦なくのみこんでいく歴史の必然だということです。

とんでもない人物が乱世を平定し、大徳の人物に天下を授ける。

河井《かわい》は安政六年
方谷が備中の西方村《にしがたむら》に一時退棲《たいせい》した時、
彼の人物を慕って往訪し、
多忙の故に入門を謝絶せられたが、
何も面倒くさいことを学びに来たのではない、
先生その人を活学に来たのであると強請《ごうせい》して
師事してしまった。

幕末の長岡藩《ながおかはん》で家老となった河井継之助《つぐのすけ》（一八二七〜一八六八）が遊学時代に備中松山藩にやってきたのは山田方谷の教えを請うためでした。ときに継之助は三十三歳。方谷は五十五歳であり、彼が進めた藩政改革もすでに大きな成果をあげていました。

さっそく、継之助は入門を願い出ます。しかし、方谷は多忙を理由に進講する余裕がないと辞退します。すると継之助は「私は先生の行為や所業を学びたいだけです」と。この言葉は安岡がいうように「先生その人を活学に来た」（『古典を読む』）ということです。その心が伝わって入門を許されます。これはとてもおもしろい言葉です。書物での学問をするためでなく、尊敬すべき人物そのものを活きた学問として学びたいというのですから。

こうして継之助は方谷の屋敷に仮住まいします。あるとき、方谷の蔵書に王陽明の全集を見つけて喜び、購入したいと申し出ました。当時、この全集は輸入に頼っていて、船便が届くたびに人々は争って購入したといいます。方谷は継之助に購入価格の四両で譲るとともに、陽明学を学ぶうえでの心得をあわせて与えています。やがて明治戊辰《ぼしん》の年に継之助は家老として長岡藩の運命を担い、好まざる戦いで悲運の最期を遂げました。

人物そのものを活学するために入門する。

難事に処すれば処するほど、
教わるのが古人・聖賢の書物であります。

天保《てんぽう》十二年（一八四一年）、七十歳のときに幕府の儒官に抜擢《ばってき》され、昌平黌《しょうへいこう》で講説した佐藤一斎。彼のもとでは多くの英才が育ちました。晩年には黒船来航によって世情が騒然としてきます。そんななか、安政元年（一八五四年）の日米和親条約の締結交渉では大学頭《だいがくのかみ》、林復《はやしふく》斎《さい》（一八〇〇～一八五九）を補佐するなど学務と政務にあたります。

一斎は後半生の四十余年にわたって『言志四録』を記しています。これは、言志録、言志後録、言志晩録《ばんろく》、言志耋録《てつろく》の四つからなる随想集で、千百三十三条あります。

「経書（儒学経典）を読むときには、自分が体験した人情事変を、経書の注釈にして読む。反対に、実際に起った事を処理するときには、聖人や賢者の言葉を活用して、事の注釈とする。すると、事実と道理が融合して、学問が空虚にならない」（言志録一四〇）

この一条は一斎の立場をよく表しています。安岡は「今日の政教（政治と教育）の頽廃は、多分にその局にあたる人達が勉強しない、学問しないということに原因している」（『人生と陽明学』）といいますが、これは「現実」と「聖賢の書」を双方向で注釈しあうという活学ができていないからでしょう。

自分の体験と学んだことを融合すると、空虚な学問にならない。

政治というものは要するに
人間をどうするかということにほかなりません。
人を用いること、人を治めること等すべて
政治の内容は、つきつめると人間であります。
(中略) そこで人の上に立つ者、真に事をなす者は、
人間通《にんげんつう》でなければなりません。

人間とは予想もしない行動に出る生き物です。そんな複雑な存在である人間を深いレベルで知り尽くした人を人間通といいます。安岡は「人の上に立つ者、真に事をなす者は、人間通でなければなりません」（『先哲講座』）と断言しています。

たとえば佐藤一斎の次の言葉にあるような微妙な人物の違いを、人間通なら実際に見極めることができるはずです。

「名声や人望を求める人は、志が高い人に似ている。厳しく詮索する人は、頭が良い人に似ている。円熟している人は、事理に達した人に似ている。軽はずみな人は、敏捷《びんしょう》な人に似ている。気が弱い人は、寛大な人に似ている。こだわりのある人は、重厚な人に似ている。しかし、これらはみんな、似て非なるものだ」（言志後録一九一）

一斎はこのような違いを鋭く見抜いたのでしょう。この意味で一斎が書き連ねていった『言志四録』は人間通の書といえます。違いを見抜く目を持ち、そのうえで人と世をどうするかという知恵を絞ることが、ことをなそうとする人に求められるものです。しかし、まずは一斎の書に導かれて、みずからを見つめて、少しでも人間に通じることです。

違いを見抜く目と、人間を動かす知恵がリーダーに求められる。

君子――人格者、民衆の指導者、立派な教養のある人、地位・名誉ある人、こういう人は利害などというものは説かないように誤解する者がある。

人間には利害というものが当然あるもので、したがって君子も利害を説く。

しかし、君子の説く利害というものは、義理が根本である。

義と利は深い関係にあります。義とは、義務、義理、道理などのことです。利とは、お金、損得、利害などのことです。これら義と利の二つはまったく無関係のものに見えるかもしれませんが、深層では密接な関係にあります。

もっとも、これら二つを表層で切り離して追求することは可能です。ただ利を利として追求すると損得がすべてになり、低俗に陥ることが多くなります。また、義を義として求めると独善や偽善の色合いが強くなり、現実離れしていきます。

佐藤一斎は義と利の関係を次のように説いています。「徳の高い人でも利害を説くが、それは義理に基づいている。つまらない人でも義理を説くが、それは利害に基づいている」（言志後録二三）と。この言葉は義と利の深層を突いたものです。おそらく『論語』の「徳の高い人は『義（道理）』に明るく、つまらない人は『利（損得）』に明るい」（里仁《りじん》第四）という一条を念頭に置いたものでしょう。かつて明治期に「義利合一《ぎりごういつ》」を説いて日本型資本主義を実現しようとした実業家がいました。渋沢栄一《しぶさわえいいち》（一八四〇～一九三一）です。しかし、現在は利に偏り、義が荒廃した時代だと評さなければなりません。

つまらない人が義理を説いても、その裏には損得勘定がある。

どんな人でも、必ずこれは絶対のもの、
何億何十億居《お》ったって、
同じ顔をしたものは一人もいない。
すべてが個性的存在・独自の存在であります。
だから絶対に他にない、
独自の意義・機能・使命というものがある。
これだけは確実であって、ただそれを自覚し、
活用することが難しいだけであります。

人間は一人として同じ顔をしていません。顔だけでなく、まったく同じ個性の人がいない独自の存在です。この前提に立って安岡は誰にも「絶対に他にない、独自の意義・機能・使命というものがある」（『人生と陽明学』）といいきります。人には各自の使命があり、この使命を果たすことが、この世に生まれた意味です。このことは多くの聖賢たちが教えていることであり、佐藤一斎の場合は次のようにみずからの使命を省察することをすすめています。

「人はよく自分を省みなければならない。天はなぜ、わが身をこの世に生み、私にいかなる用をさせようとするのか。私は天の構成物であり、必ず天から与えられた使命がある。この使命を果たさなければ、わが身に天罰が至るであろう。ここまで省みれば、何もせずに生きるべきではないということがわかる」（言志録一〇）

心理学関係のある人が「人は幸せになるために生まれてきた」といっているのを聞いたことがあります。この人は目的と結果を混同しています。目的は使命を果たすことであり、その結果、幸せになっていいのです。とはいえ、みずからの使命を自覚し、生の意味を考え、これを果たすことはたやすくありません。だからといって目的をごまかさないことです。

この世で「使命」を果たそうとしてこそ「幸せ」は得られる。

われわれも毎日多忙で困っておるのでありますが、（中略）実際無駄なことが多過ぎる。大部分はどうでも好《よ》いことばかりであります。（中略）こういうことは、なにか本当の問題と真剣に取っ組んでみれば、よく分かるのであります。だから成る可《べ》く実事を整頓して、みだりに多忙にならないようにする。

次の言葉からは苦虫を噛《か》み潰したような佐藤一斎の顔が見えてきそうです。

「今どきの人は、何かというと忙しい忙しいという。では、そのしている所を見ると、実際に大事なことをしている割合は、一、二割。どうでもよいことの処理が、八、九割だ。なのに、これを必要なことだと思っている。なるほど、これでは多忙なわけだ。何かをなそうと志している者は、こんな落し穴にはまってはいけない」（言志録三一）

まるで現代人に忠告しているようですが、江戸時代の同時代人への嘆息です。いつの時代も人のやることとは、こんなものかもしれません。さて、どうでもよいことの多くは、すぐに無駄なことだと気づけるでしょう。しかし、何が無駄で何が無駄でないか判別がつかないものも多々あります。また、人生は複雑な因果関係でからみあい、無駄だと思ったことがあとで重要な結果に結びつくこともあります。そこで安岡が教える無駄を見つける方法を紹介しましょう。「なにか本当の問題と真剣に取っ組んでみれば、（何が無駄で、何が無駄でないか）よく分かる」（『人生と陽明学』）というものです。本当の問題とはなんでしょうか。――きっと、この世に生まれた「使命」のなかにあるはずです。

「使命」に正面から取り組むと、何が無駄で何が無駄でないかわかる。

147

「風流」と「俗事」の違いとは

人間が垢《あか》ぬけして、心がけがよければ、
いかなる俗事でも風流になるし、
心がけ、人物次第で、
どんな風流でも俗事になります。

『言志四録』に次の言葉があります。少し読みづらいでしょうが、訓読文を掲げます。

「此《こ》の学、意趣《いしゅ》を見ざれば、風月を咏題《えいだい》するも亦《また》俗事なり。苟《いやし》くも意趣を見れば、銭穀《せんこく》を料理すとも亦典雅《てんが》なり」（言志後録一七二）

文中の「此の学」は「儒学」を指し、「意趣」は「深い意義」という意味です（『佐藤一斎全集　第十一巻』）。通釈では「儒学を学んでも深い意義を知らなければ、風月を詩歌に詠んでも俗なことになる。仮にも深い意義を解すれば、お金や穀物を切り盛りしても上品である」となります。ところが安岡は「意趣」を「垢ぬけ、精神的な趣」と解釈しています。安岡の現代語訳を掲げましょう。「学問をしても、人間が垢ぬけせず、俗物であると、たとえ風流というものを取り上げても、それは俗事になります。その人にどこか精神的な趣があると、たとえ話が食い物や金のことであっても、どこか垢ぬけております」（『先哲講座』）と。俗事になるか風流になるかは、その人次第だということです。この訳文にどこか老荘的なものを感じます。一斎とはかけ離れるかもしれませんが、老荘に親しむところから生まれる精神的な趣が人を垢抜けさせるのでしょう。ここには安岡の心境が反映されているようです。

その人次第で、俗事にもなれば、風流にもなる。

若い時に益軒は、柔斎《じゅうさい》と号しておる。
若い時にもう「柔」というところに
気がついておったんですね。
つまり生命本然の姿は柔です。
したがって、
人間も生命の純な時は柔らかいですね。
一番生命の純真な時は、つまり幼少の時は、
からだは実に柔軟である。

江戸時代前半に活躍した儒者貝原益軒は満十八歳で黒田《くろだ》家の福岡藩に仕えます。ところが二年後、二代藩主黒田忠之《ただゆき》の怒りにふれて七年間の浪人生活を送ることになります。「柔斎」と号したのはこの浪人中のことでした。髪を剃《そ》り落とし、医者になって生計を立てようとしたのです。兵学書の『三略《さんりゃく》』に「柔よく剛を制す」の名言がありますが、益軒は強いものを制圧する「柔」の働きに共感したのかもしれません。安岡は生命のもともとの姿は「柔」であり、純な生命というのは柔らかいと指摘しています。

やがて三代藩主光之《みつゆき》に許され、藩医として帰藩します。益軒は長生きしました。そして最晩年に名著『養生訓』を著します。この本はとてもやさしく説かれ、いまも売れ続けているロングセラーです。このなかに「流れる水は腐らない。また、開き戸の軸は朽ちることがない。このように動くものは長く保たれる。動かないでいると命が短いのだ」（『養生訓』巻一）という一節があります。「柔」の典型は水です。流れる水のように体内に気がめぐっていると人はいつまでも元気です。しかし、気がふさがって滞ると病を呼び寄せます。水も流れないと腐るというのと同じです。秘訣は「滞らない」ことです。

「柔」の生き方で、体内の気を滞らせない。

朝飯をやめるよりは夕飯をやめたほうが、
全然やめなくても軽くしたほうが、確かにいい。
どうもしかし生活習慣というものは、
逆行しておるね。
非常に困ったことです。

益軒の養生法では「滞らない」ことが根幹になっています。たとえば怒りや悲しみといった感情にとらわれると胸の部分に気が集まって滞ってしまいます。このように気が停滞すると、やがて病を引き寄せてしまうのです。感情だけではありません。食事についても「滞らない」という食べ方が大切です。

益軒は「夕食は、朝食よりも滞りやすく消化しにくい。だから、夕食は少ないほうがよい」(『養生訓』巻三)と教えます。七十代のころの安岡もこの説に共感し、夜の懇親会などで贅沢な料理が出ても、ほとんど箸をつけなくなったと語っています。

さて、益軒は夕食で食べないほうがよいものを具体的にあげています。

①魚や鳥などのように味が濃く、脂肪が多く、重いものは夕食にはよくない

②野菜類についても、山芋、人参《にんじん》、すずな、芋、くわいなどのように気をふさぐものは、夕食に多く食べてはいけない

では、どんなものなら食べていいのでしょうか。気をふさがない食材ということでしょうが、益軒は「食べなければ、それがもっともよい」(同書)と端的にまとめています。

滞りやすい夕食は、少なくするか、やめるのがよい。

天地万物、生成化育《せいせいかいく》のエネルギー、
これが元気であります。（中略）
案外弱そうに見える人が、柳に雪折れなしで、
何をさせてもよく堪える、変わらんという、
これは弱そうに見えて元気があるんだ。

元気を養い、気を滞らせないことが健康で長生きするための秘訣です。ところで安岡は元気の「元」には三つの意味があるといいます。

①始め……時間的な「終わり」に対する「始め」の意味

②根本……形態的な「末（枝葉）」に対する「根本（根）」の意味

③全体……空間的な「部分」に対する「全体」の意味

このように「元」の気、つまり元気というのは人間にそなわった基本的なものです。養生法を説く益軒はこの元気に着目します。どうすれば元気を養うことができるのか、そのメカニズムを次のように説明しています。「元気の養分となる飲食などを少なく摂《と》ると、身の内にそなわった元気が養われて、命が長くなり、天寿をまっとうすることができる。逆に、飲食などを摂り過ぎると、身の内の元気は外からの養分に負けて、病になってしまう。病が進んで元気が尽きると、人は死ぬ」（『養生訓』巻二）と。

肥料をやりすぎた草木は枯れてしまいます。実際、痩せて弱そうに見える人が意外にも元気で長寿なのは右のような理由によるのでしょう。

食べすぎると、生得の「元気」が負けて病気になる。

安岡正篤　略年譜

一八九八年（明治三十一）二月十三日　大阪市順慶町《じゅんけいまち》（現・中央区長堀《ながほり》）に素封家の堀田喜一の四男として生まれる。

幼少時から「四書五経」を素読。

一九一〇年（明治四十三）十二歳　日下《くさか》小学校（現・東大阪市立孔舎衙《くさか》小学校）卒業。

一九一五年（大正四）十七歳　大阪府立四條畷《しじょうなわて》中学校（現・高等学校）卒業。中学校時代は浅見晏斎《あさみあんさい》に師事。

一九一六年（大正五）十八歳　高知県出身で東京在住の安岡盛治の養子となる。

一九一九年（大正八）二十一歳　旧制第一高等学校卒業。

一九二一年（大正十）二十一歳　安岡盛治の娘・婦美と結婚。

一九二二年（大正十一）二十四歳　東京帝国大学（現・東京大学）法学部政治学科卒業。

文部省（現・文部科学省）に入省するも辞し、陽明学研究会を設立。

一九二七年（昭和二）二十九歳　金雞《きんけい》学院を設立。

一九三一年（昭和六）三十三歳　日本農士学校を設立。

一九三二年（昭和七）三十四歳　国維会を設立。

一九三八年（昭和十三）四十歳　世界一周旅行に旅立つ。

一九四四年（昭和十九）四十六歳　小磯国昭《こいそくにあき》内閣で大東亜省顧問となる。

一九四五年（昭和二十）四十七歳　草された「終戦の詔勅」を点検。

一九四九年（昭和二十四）五十一歳　師友会を設立。

一九五四年（昭和二十九）五十六歳　師友会を全国師友協会に改める。歴代首相の相談役となり、精神的支柱となる。

一九五七年（昭和三十二）五十九歳　関西師友協会が発足。

一九八三年（昭和五十八）十二月十三日　逝去、享年八十五。

引用文献、参考文献

◎安岡正篤著の主な引用、参考文献

『運命を創る』プレジデント社、一九八五年
『運命を開く』プレジデント社、一九八六年
『人物を創る』プレジデント社、一九八八年
『知命と立命』プレジデント社、一九九一年
『人生の大則』プレジデント社、一九九五年
『禅と陽明学（上）』プレジデント社、一九九七年
『活眼　活学』ＰＨＰ研究所、一九八五年
『活学としての東洋思想』ＰＨＰ文庫、二〇〇二年
『人生と陽明学』ＰＨＰ文庫、二〇〇二年
『論語に学ぶ』ＰＨＰ文庫、二〇〇二年
『日本の伝統精神』ＰＨＰ文庫、二〇〇三年
『人間としての成長』ＰＨＰ文庫、二〇〇三年
『人生をひらく活学』ＰＨＰ文庫、二〇〇三年
『人生の五計』ＰＨＰ文庫、二〇〇五年
『東洋学発掘』明徳《めいとく》出版社、一九五六年
『朝の論語』明徳出版社、一九六二年
『老荘思想』明徳出版社、一九七九年
『陽明学十講』明徳出版社、一九八一年
『伝習録』明徳出版社、一九八七年
『儒教と老荘』明徳出版社、一九九八年

『古典を読む』明徳出版社、一九八九年
『人物・学問』明徳出版社、一九九〇年
『人物を修める』致知《ちち》出版社、一九八六年
『先哲講座』致知出版社、一九八八年
『呻吟語《しんぎんご》を読む』致知出版社、一九八九年
『立命の書「陰騭録」を読む』致知出版社、一九九〇年
『経世瑣言　総編』致知出版社、一九九四年
『いかに生くべきか――東洋倫理概論』致知出版社、二〇〇〇年
『照心語録』致知出版社、二〇〇一年
『青年の大成』致知出版社、二〇〇二年
『王道の研究――東洋政治哲学』致知出版社、二〇〇三年
『日本精神の研究』致知出版社、二〇〇五年
『人生、道を求め徳を愛する生き方――日本精神通義』致知出版社、二〇〇五年
『心に響く言葉』DCS、二〇〇〇年
『新編　現代の道標』DCS、二〇〇〇年
『易とはなにか　易と健康（上）』『養心養生をたのしむ　易と健康（下）』DCS、二〇〇一年
『ユートピアを求めて――老子に学ぶ』DCS、二〇〇二年
『人づくりの原点』DCS、二〇〇三年
『百朝集《ひゃくちょうしゅう》』福村《ふくむら》出版、一九八七年
『老荘のこころ』福村出版、一九八八年
『身心の学』黎明《れいめい》書房、一九九〇年
『人間の生き方』黎明書房、一九九三年
『童心残筆』全国師友協会、一九八二年

◎その他の引用、参考文献

本田宗一郎『俺の考え』新潮《しんちょう》文庫、一九九六年

本多静六『本多静六　人生を豊かにする言葉』イースト・プレス、二〇〇六年

池田光『成功哲学ノート』PHP研究所、二〇〇七年

長田《ながた》偶得《ぐうとく》『文天祥　藤田東湖《ふじたとうこ》　吉田松陰　正気歌評釈』大学館、一九一五年

陳寿《ちんじゅ》（著）、裴松之《はいしょうし》（注）、井波律子（訳）『正史三国志5　蜀書』ちくま文庫、一九九三年

濱久雄《はまひさお》『山田方谷の文』明徳出版社、一九九九年

湯川秀樹『旅人』角川《かどかわ》学芸出版、一九六〇年

辻本雅史『「学び」の復権』岩波《いわなみ》書店／文庫、二〇一二年

中村春作《なかむらしゅんさく》、市來津由彦《いちきつゆひこ》、田尻祐一郎《たじりゆういちろう》、前田勉《まえだつとむ》（編）『続「訓読」論』勉誠出版、二〇一〇年

岡田武彦《おかだたけひこ》（監修）『佐藤一斎全集　第十一巻』明徳出版社、一九九一年

塚本哲三《つかもとてつぞう》（編）『益軒十訓（上）』有朋堂《ゆうほうどう》書店、一九二八年

朱熹、土田健次郎（訳注）『論語集注1』平凡社《へいぼんしゃ》、二〇一三年

加地伸行『「論語」を読む』講談社《こうだんしゃ》、一九八四年

宇野精一『儒教思想』講談社／文庫、一九八四年

諸橋轍次『誠は天の道』麗澤《れいたく》大学出版会、二〇〇二年

佐藤法龍『禅語小辞典』春秋社《しゅんじゅうしゃ》、一九七八年

佐々木奘堂《ささきじょうどう》（編者）『禅の言葉』本心庵《ほんしんあん》、二〇一五年

『岩波世界人名大辞典』岩波書店、二〇一三年（中国思想家などの生没年については本辞典に従った）

本書は、二〇〇七年に弊社より刊行した『安岡正篤　こころを磨く言葉』に第三部を追加のうえ、加筆・改筆・再編集したものです。

安岡正篤《やすおかまさひろ》
運命《うんめい》を思《おも》いどおりに変《か》える言葉《ことば》

2017年1月27日　第1刷発行

著者　安岡正篤《やすおかまさひろ》
解説　池田《いけだ》 光《ひかる》

ブックデザイン　櫻井 浩（⑥Design）
本文DTP　小林寛子

編集　畑 祐介
発行人　木村健一
発行所　株式会社イースト・プレス
〒101-0051
東京都千代田区神田神保町2-4-7 久月神田ビル
TEL:03-5213-4700　FAX:03-5213-4701
印刷所　中央精版印刷株式会社

©Masahiro Yasuoka, Hikaru Ikeda 2017, Printed in Japan
ISBN978-4-7816-1504-2　C0030

本書の全部または一部を無断で複写することは著作権法上での例外を除き、禁じられています。

乱丁・落丁本は小社あてにお送りください。送料小社負担にてお取り替えいたします。

定価はカバーに表示しています。

イースト・プレス ビジネス書・人文書
Twitter: @EastPress_Biz
http://www.facebook.com/eastpress.biz